BENITA FELLER · MICHAEL BREPOHL

LEBE LIEBER SELBSTBESTIMMT

Von negativen Einflüssen befreien
Den eigenen Weg gehen

INHALT

VORWORT

ALLES, WAS WIR HÖREN, IST EINE MEINUNG, KEINE TATSACHE.
ALLES, WAS WIR SEHEN, IST EIN PERSPEKTIVE, NICHT DIE WAHRHEIT.

MARCUS AURELIUS

Liebe Leserin, lieber Leser,

neulich saß ich in einer Abendgesellschaft und wurde nach meinem Job gefragt. Als ich erzählte, dass ich Therapeutin sei, kam gleich die Bemerkung, da hätte ich ja sicher mit vielen schrägen Menschen zu tun. Man wollte wissen, welche denn meine merkwürdigsten Fälle seien. Abgesehen davon, dass ich so etwas weder erzählen dürfte noch wollte, wäre die Wahrheit für meine Zuhörer doch eher enttäuschend gewesen: Die Leute, die zu mir kommen, sind ganz normale Menschen. Manchmal gibt es einfach Situationen im Leben, die einen aus der Bahn werfen können. Das können die unterschiedlichsten Anlässe sein: die Trennung vom Partner, Kündigung, eine Krankheit oder lang verdrängte Probleme, die plötzlich in Form von Panikattacken an die Oberfläche kommen. Niemand ist davor gefeit, es kann jedem passieren.

Seit meiner Kindheit ist die Neugier auf Menschen meine stärkste Triebfeder. Diese Eigenschaft hat auch meine Berufswahl bestimmt. Meine erste Karriere habe ich als Redakteurin bei einem Frauenmagazin gemacht, ein Job, in dem ich vielen spannenden Leuten begegnet bin. Und deren Lebensgeschichten haben mich schon immer am meisten interessiert.

Mit der Zeit hatte ich gefühlt in dem Bereich alles gemacht, was ich machen wollte. Ich bin viel gereist, habe an der Entwicklung einer neuen Zeitschrift mitgearbeitet. Irgendwann fühlte es sich jedoch an, als wäre ich in einer Sackgasse gelandet. Es ging es nicht weiter. Der Inhalt meiner Arbeit füllte mich nicht mehr aus, mit der Zeit kam mir alles zu oberflächlich vor. Ich wollte herausfinden, was sich hinter den schillernden Oberflächen verbirgt, die die Welt der Hochglanzmagazine uns präsentiert. Also habe ich mich und meine Welt neu erfunden und wurde Persönlichkeitscoach. In der Rolle helfe ich Menschen dabei, Stärken an sich zu entdecken und zu fördern.

Um noch intensiver mit Menschen arbeiten zu können, ließ ich mich dann zur Heilpraktikerin mit Schwerpunkt Psychotherapie ausbilden. Ich durchlief eine Reihe von weiteren unterschiedlichsten Praxisausbildungen und fand schnell meine Richtung in den humanistischen Therapiearten. Heute kombiniere ich gern unterschiedliche Therapieformen miteinander. Ein Schwerpunkt meiner Arbeit ist die Gestalttherapie (nicht zu verwechseln mit der Gestaltungstherapie). Um noch tiefer in die Materie vorzudringen, begann ich ein Studium der Psychologie und gründete schließlich meine Praxis in München. Seitdem fühle ich mich angekommen. Eine Entscheidung, die ich nicht einen Tag bereut habe, ist das doch einer der spannendsten Berufe, den ich mir vorstellen kann. In den letzten Jahren habe ich viele Erfahrungen gesammelt, von denen ich Ihnen in diesem Buch gern einige weitergeben möchte. Außerdem hatte ich schon lange große Lust, wieder zu schreiben, eine Arbeit, die mir als Redakteurin viel Freude bereitet hat.

Aus der Vielzahl von Erfahrungen, die ich in meinem Leben gemacht habe, kann ich heute schöpfen. Das Wichtigste, was ich gelernt habe, ist, auf meine innere Stimme zu vertrauen und meinen eigenen Weg zu gehen. Ich möchte Ihnen mit dem Buch helfen, dass auch Sie herausfinden, was der beste Weg für Sie persönlich ist.

Aufbauend auf meine jahrelange Erfahrung in meiner Praxis habe ich eine Technik entwickelt, die es meinen Klienten erlaubt, ihren eigenen Weg im Leben zu gehen. Die von mir entwickelte Blasentechnik hilft ihnen, sich auf eine gesunde Art und Weise von ihrem Außen abzugrenzen und immer bei sich zu bleiben. Damit nicht länger nur meine Klienten davon profitieren, möchte ich sie Ihnen in diesem Buch vorstellen. Sie kann Ihnen dabei helfen, sich ganz neu zu erfinden und neue Ziele zu definieren – und auch tatsächlich zu erreichen.

Das Buch gliedert sich in vier Teile. Der erste widmet sich dem Erkennen der Mechanismen, die in uns arbeiten. Der zweite Teil erläutert Ihnen, wie Sie sich mithilfe der von mir entwickelten Blasentechnik davon freischwimmen. Im dritten Teil lernen Sie, wie Sie Ihr Ich stärken und sich selbst und Ihrer Wünsche und Bedürfnisse noch bewusster werden. Im vierten Teil geht es dann um die Menschen in Ihrer Umgebung, um die Konflikte mit dem Außen und um die richtige Kommunikation.

Und weil Sie sich ab heute die Welt so gestalten, wie es Ihnen gefällt, können Sie das Buch selbstverständlich in der Reihenfolge lesen und erarbeiten, auf die Sie gerade Lust haben. Da das Buch viele Themen anreißt, kann leider nicht alles erschöpfend bis in die Tiefe behandelt werden, es wird Ihnen vielmehr Impulse und Anregungen geben, sich auf einen neuen Weg zu machen.

Eines möchte ich dazusagen: Wenn Sie hier eine Anleitung suchen, um sich selbst zu perfektionieren, muss ich Sie enttäuschen. Ich persönlich halte nichts von perfekten Menschen. Die liebenswertesten Menschen, die ich kenne, sind herrlich unperfekt – und das ist auch gut so. Der Hang zur Selbstperfektionierung führt nur sehr selten ins Glück. Perfektion ist etwas, das Maschinen erreichen können, aber wer will schon eine Maschine sein?

Ich kann Ihnen auch nicht versprechen, dass dieses Buch Sie porentief glücklich machen wird. Siegmund Freud hat einmal gesagt: „Die Absicht, dass der Mensch glücklich sei, ist im Plan der Schöpfung nicht enthalten." Auch wenn ich nicht ganz so pessimistisch bin, was das Glück angeht, war meine Absicht die folgende: Ich möchte, dass Sie entdecken, was wirklich gut für Sie ist, indem Sie lernen, mehr auf Ihre innere Stimme zu hören, mehr bei sich zu bleiben und sich von unguten Einflüssen abgrenzen zu können. Mein Buch soll Ihnen Mut machen, sich selbst neu auszuprobieren und neue Dinge an sich und Ihrer Umwelt zu entdecken.

Ihre

DEN EIGENEN WEG GEHEN

Der erste Teil des Buches widmet sich dem Erkennen der Mechanismen, die in uns arbeiten. Was ist es eigentlich, das uns davon abhält, wir selbst zu sein? Welche Rolle spielen unsere Eltern, unsere Beziehungen, unsere Sicht auf die Welt? Sie können immer etwas ändern – für eine Kurskorrektur ist es nie zu spät!

Einen neuen Kurs einschlagen

Unser Lebensweg verläuft oft auf Schienen, die andere für uns gelegt haben. Gerade bei wichtigen Entscheidungen lassen wir uns immer wieder beeinflussen – von den Echos der Ermahnungen aus unserer Kindheit, den Einflüsterungen der geheimen Verführer aus der Werbung, den tatsächlichen oder auch nur angenommenen Erwartungen unserer Lebenspartner und Freunde. Weil wir uns zu oft von den Meinungen und Wünschen anderer lenken lassen, nimmt unser Leben langsam, aber sicher eine falsche Richtung.

Bei der Wahl des Berufs liebäugeln wir mit einer Karriere, die unsere Eltern stolz und unsere Freunde neidisch macht. Und wenn wir uns dann für eine Laufbahn entschieden haben, hangeln wir uns die Karriereleiter rauf (und manchmal runter) und hinterfragen viel zu selten, ob wir mit unserem Job auch wirklich glücklich sind. Denken wir dann doch über eine Alternative nach, muss die möglichst ein noch höheres Beeindruckungspotenzial auf unser Umfeld haben.

Auch in den Ferien finden viele von uns keine Entspannung. Ging es letztes Jahr in die Karibik, muss es dieses Mal ein noch exotischeres Ziel sein. Pfeif auf die Flugangst, wir stopfen uns voll mit Chemikalien, die verhindern, dass wir in der Ferne einer seltenen Krankheit anheimfallen, setzen uns 20 Stunden in einen schlecht klimatisierten Flieger und stellen fest, dass die Strände in der Südsee auch nicht so viel spektakulärer sind als die in Europa. Immerhin erhoffen wir uns aber bei Facebook ein paar Likes mehr für unsere Urlaubsfotos als beim letzten Aufenthalt an der Playa de Palma.

Nicht einmal in unserer Haut wollen wir uns so recht heimisch fühlen. Wir meinen, die anderen könnten uns zu dick finden und überhaupt eine Menge an uns auszusetzen haben. Schon deshalb investieren wir viel Zeit und Geld in Diäten und Fitnessstudios, bekommen aber trotz aller Aufwendungen partout keinen Waschbrettbauch (genauso wenig wie 99 Prozent der restlichen Bevölkerung auch).

Sicher, wir wollen eine Menge anders machen als unsere Eltern. In unseren Beziehungen kopieren wir sie dann aber doch gerne. Traumfrau oder Traummann sind in vielen Fällen ein Abbild von Vater und Mutter, nicht unbedingt äußerlich, dafür aber umso mehr, was den Charakter angeht. So ertragen Töchter von cholerischen Vätern viel zu oft herumbrüllende Partner, während Muttersöhnchen, die der Tyrannei ihrer Mutter entronnen sind, sich pfeilgerade in die Arme einer alles bestimmenden Walküre flüchten.

Das Credo des großen griechischen Philosophen Sokrates lautete: „Erkenne dich selbst." Dieses Buch soll Ihnen helfen herauszufinden, welche Einflüsse Sie womöglich von dem Weg abbringen, der für Sie persönlich der einzig wahre und glücklich machende ist. Es soll Ihnen helfen, ungute Programmierungen aus der Kindheit hinter sich zu lassen und über die Jahre eingeschliffene Verhaltensmuster abzulegen. Damit Sie sich auf das konzentrieren können, was Ihnen wirklich guttut, damit Sie auf Ihrem ganz eigenen Kurs geradewegs Ihr persönliches Glück ansteuern.

Ich möchte Ihnen mit diesem Buch helfen, den für Sie besten Lebensweg einzuschlagen. Dabei ist es für eine Kurskorrektur nie zu spät. Ich hatte schon Klientinnen, die lange nach dem Erreichen des Rentenalters ihrem Leben noch einmal eine neue Richtung gegeben haben.

Warum wir so sein wollen, wie andere uns gern hätten

Alfred Hitchcock, der Großmeister des Suspense, strapazierte nicht nur mit größtem Vergnügen die blank liegenden Nerven der Kinozuschauer, er trieb auch grausame Späße mit den Menschen in seiner direkten Umgebung. Wenn der Regisseur zu einer seiner glamourösen Partys einlud, schrieb er an eine beliebige Person unter den Eingeladenen, es handele sich um einen Maskenball. Den unglücklichen Adressaten, der dieser besonderen Einladung folgte, erwartete in seiner Kostümierung – unter den anderen Gästen in Abendgarderobe – ein Abend voller Häme und Peinlichkeiten. Hitchcock wusste wie kaum ein anderer, wie man mit den Urängsten der Menschen spielt. Denn tief in uns allen wohnt der Wunsch, dazuzugehören, Teil einer Gemeinschaft zu sein, sich zu integrieren.

Als sich unsere Vorfahren noch vom Jagen und Sammeln ernährten, war die Zugehörigkeit zur Gruppe überlebenswichtig. Ein Mammut konnte keiner allein erlegen, im Winter allein überleben ist schwer. Diese Erfahrungen haben sich bis heute in unser kollektives Gedächtnis eingebrannt. Wie tief der Wunsch, Teil einer Gruppe zu sein, noch heute in uns verwurzelt ist, kann man Wochenende für Wochenende im Fußballstadion beobachten. Menschen mit vollkommen unterschiedlichen Lebenshintergründen verschmelzen zu einer eingeschworenen Gemeinschaft. Sie tragen die gleichen Farben, singen die gleichen Lieder, teilen die gleichen Gefühle, sie hören für 90 Minuten auf, Individuen zu sein. Ähnliches erlebt man auch auf Popkonzerten. Teil von etwas Größerem zu sein kann uns in den Zustand einer Euphorie versetzen. Das Gegenteil stürzt uns leicht in Verzweiflung.

Mit schönster Regelmäßigkeit höre ich von Klienten, die der Babyboomer-Generation angehören, den immergrünen Klassiker der elterlichen Ermahnungen: „Was sollen denn die Nachbarn denken?" Hier verbirgt sich eben die Drohung, den Ausschluss aus der Gemeinschaft zu riskieren, wenn man sich nicht an die Kleiderordnung des Viertels hält oder in anderer Form auffällig zu werden droht. Man führt uns mit dem Satz aber auch vor Augen, dass die Empfindungen anderer wichtiger sind als unsere eigenen. Nur wenn wir uns unterordnen, können wir uns der Zuneigung anderer gewiss sein, will man uns einreden.

Je mehr wir uns aber den Gefühlen und Erwartungen anderer unterordnen, desto mehr verlieren wir unsere eigenen Gefühle und damit uns selbst aus den Augen. Und je mehr wir sie ignorieren, desto mehr schrumpft das Selbstwertgefühl. Das ist eine Spirale, in der man sich mehr und mehr verliert. Dabei bleibt all das auf der

Strecke, was uns ausmacht, was uns einst einzigartig werden ließ, eben das, was uns an interessanten Persönlichkeiten so fasziniert: ihr Charisma.

Es sind immer die Menschen, die auf die Meinungen von anderen nichts gegeben haben, die unsere Gesellschaft verändern. Reichlich Anlass für die Nachbarschaft, sich Gedanken zu machen, gab es etwa in den Siebzigerjahren in England, als plötzlich junge Punks mit zerrissener Kleidung und grell gefärbten Haaren für Gerede sorgten. Ein kleiner Laden in London staffierte sie mit löchrigen T-Shirts aus, auf denen das Konterfei der Queen zu sehen war, deren Gesicht, als Gipfel der Geschmacklosigkeit, mit Buchstaben aus einem Erpresserbrief verunstaltet war. Den Aufschrei, der durch die Medien ging, kann man sich heute gar nicht mehr vorstellen. Nicht wenige wollten die Designerin damals einsperren lassen, doch die landete nicht etwa im Gefängnis, Vivienne Westwood wurde vielmehr selbst zu einer Königin der Modewelt. Und dieselbe Queen, die von ihr einst zur Zielscheibe ihrer Entwürfe gemacht worden war, adelte Westwood Jahrzehnte später und erhob sie in den Stand einer Dame Commander of the Order of the British Empire. Es kann sich also durchaus lohnen, die Nachbarn und ihre Meinung ganz einfach zu ignorieren.

Wer sich nicht um andere Meinungen schert, hat die besten Chancen, schlussendlich im Rampenlicht zu stehen und den Applaus für seinen Mut zu genießen. Gäbe es nicht Menschen, die sich über die Ansichten der Allgemeinheit hinwegsetzen, säßen wir heute alle noch ungekämmt und ungeduscht um ein Feuer versammelt vor einer Höhle. Den Menschen, die glauben, die Welt ist eine Scheibe, zu erklären, dass sie rund ist, erfordert viel Mut und noch mehr Durchhaltevermögen. Jede wichtige neue Erfindung wurde zu

Anfang belächelt und verteufelt. Man machte sie klein, auch um die brillanten Köpfe dahinter kleinzumachen. Große Künstler galten oft als verschrobene Außenseiter, ihre Werke waren teilweise unverkäuflich, doch weil sie an sich glaubten, erinnern wir uns noch nach Jahrhunderten an ihre Namen und bewundern, was sie geschaffen haben. An die Masse ihrer Kritiker erinnert sich hingegen kein Mensch mehr. Darum: Gehen Sie immer Ihren Weg, ganz egal, was die anderen sagen oder denken könnten. Ihr Weg ist der einzige, der Sie zu Ihrem persönlichen Glück führt.

Und sollten Sie sich doch wieder einmal fragen, wie Nachbarn Ihr Handeln beurteilen werden, erinnern Sie sich an den Satz von Jane Austen: „Wozu leben wir, wenn nicht, um unseren Nachbarn Anlass zum Lachen zu geben und dafür umgekehrt über sie zu lachen."

> Geben Sie nichts auf die Urteile von anderen, tun Sie, was Sie für richtig halten.

Die Kindheit prägt uns fürs ganze Leben

In der Kindheit werden die Weichen für unseren gesamten Lebensweg gestellt. Auch wenn es bei den Sitzungen in meiner Praxis immer um das Hier und Jetzt geht, führen uns doch die unterschiedlichsten Gefühle und Gedanken sehr häufig geradewegs zurück in die Kindheit – eben dorthin, wo sie uns ursprünglich eingepflanzt wurden.

Der österreichische Schriftsteller Heimito von Doderer drückte das folgendermaßen aus: „Jeder bekommt die Kindheit über den

Kopf gestülpt wie einen Eimer, später zeigt sich erst, was darin war. Aber ein ganzes Leben lang rinnt das an uns herunter, da mag einer die Kleider oder Kostüme wechseln, wie er will." Auch wenn die Schlussfolgerung etwas pessimistisch ausfällt, ist doch sehr viel Wahres an dem Zitat. Wenn wir über unser tagtägliches Tun und Handeln nachdenken und uns fragen, warum wir in einer Situation so und nicht anders reagiert haben, finden sich die Gründe sehr oft in unseren frühesten Lebensjahren.

Die allermeisten von uns wurden so erzogen, dass sie sich möglichst nahtlos in unser Umfeld einfügen. Zunächst einmal sollten wir Rücksicht auf die Gefühle und Wünsche von anderen nehmen und unsere eigenen hintanstellen. Wollten wir beispielsweise außerhalb des Karnevals mit dem Prinzessinnenkostüm zur Schule gehen, konnten wir uns sicher sein, mit dem entsetzen Ruf: „Oh Gott, was sollen denn die Nachbarn denken!" gestoppt zu werden. So sind die Nachbarn in unserem Unterbewusstsein zu einer ständigen Kontrollinstanz geworden, die uns in Gedanken immer über die Schulter schaut. Auch wenn wir schon lange nicht mehr vom Wunsch beseelt sind, in einem Prinzessinnenkostüm durch die Gegend zu laufen, lassen wir uns immer noch von den vermuteten Erwartungen unserer nächsten Umgebung beeinflussen.

Das Gefühl, beobachtet zu werden, hat sicher positive Effekte, was eine vorschriftsmäßige Trennung vom Hausmüll betrifft, kann aber für unser Gefühlsleben doch zu einer ernsthaften Belastung werden. Nicht nur, wenn man beim Sex seinen Gefühlen nicht freien Lauf lässt, weil man Angst hat, die Nachbarschaft könnte etwas davon mitbekommen. Dabei müssen wir uns einfach vor Augen führen, dass die Gedanken der Nachbarn in Wahrheit unsere Gedanken sind, denn niemand weiß wirklich, was in den Köpfen von Herrn

Nebenan und Frau Linkerflur vorgeht, außer sie selbst. Es gilt hier also eine gedankliche Abkürzung zu finden: Wie beurteile *ich* mein Verhalten und wie würde *ich* das finden, wenn andere das täten? Nichts anderes hat schon Kant mit seinem kategorischen Imperativ gemeint, der sich mit dem Sprichwort „Was du nicht willst, dass man dir tu', das füg auch keinem andern zu" wiedergeben lässt.

Eine heute glücklicherweise nicht mehr weit verbreitete Erziehungsmaxime lautete: „Früh krümmt sich, was ein Häkchen werden will." Sie ist aber immer noch ein passendes Bild dafür, wie unsere Gefühle einmal ge- oder besser verformt worden sind. Wir müssen daran arbeiten, die Verkrümmung loszuwerden und uns aufzurichten zu dem Menschen, der wir tatsächlich sind. Wenn Sie jetzt gleich aktiv werden wollen, finden Sie ab S. 44 ein kleines Fitnessstudio für Ihr Ego. Mit den dort vorgestellten Übungen können Sie Ihrem ureigenen Ich sehr viel Gutes tun.

Die Zeit, in der wir groß geworden sind, spielt eine ganz bedeutende Rolle bei unserer Erziehung. Kinder von Kriegs- und Nachkriegskindern haben oft ein ganz ungesundes Essverhalten. Weil für die Eltern und Großeltern der Hunger oft Realität war, spielte die Ernährung eine zentrale Rolle bei der Erziehung. Der Teller musste immer und unter allen Umständen leer gegessen werden. Unter Anfeuerungen wie „Ein Löffel für Mami, ein Löffel für Papi" wurde den Kindern beigebracht, bloß nichts übrigzulassen. Übergewicht war bis in die Siebzigerjahre noch kein Alarmsignal, sondern eher ein Zeichen von Gesundheit. Dazu war Essen die wertvollste Belohnung, und reichlich aufzutischen galt als der Liebesbeweis schlechthin. Wer so aufgewachsen ist, wird auch im Erwachsenenalter oft mehr essen, als gut ist, frei nach dem Motto: „Lieber den Magen verrenken, als dem Wirt was schenken." Wer Probleme mit dem

Gewicht hat, bekommt sie nur in den Griff, wenn er die Stimmen aus der Kindheit aus dem Kopf bekommt und lernt, auf sich selbst zu hören. Das fängt damit an, dass man nur bis zu dem Moment isst, bis man satt ist.

Natürlich sollte man auch heute nach Möglichkeit keine Lebensmittel wegwerfen, besser ist es, ein bisschen weniger zu kochen oder die Reste einfach aufzuheben. Wenn man noch ein paar Leckerbissen übrig hat, könnte man die auch den Nachbarn anbieten – was die dann wohl von einem denken mögen?

 Es gibt nur einen Menschen, auf den Sie unbedingt immer hören sollten, und der sind Sie selbst!

Erfüllte und unerfüllte Wünsche der Kindheit

Wenn wir heranwachsen, verlieren unsere Eltern zunehmend ihren Einfluss auf unsere Entwicklung. Auf dem Schulhof suchen wir uns eigene Vorbilder, denen wir nacheifern. Und das sind in den seltensten Fällen die besonders fleißigen Mitschüler, die ihre Nasen immer nur in Bücher stecken und gute Noten schreiben. Vielmehr richtet sich unser Blick auf die echt coolen Kids, die mit den geilen Sneakers, dem hippen Skateboard, dem abgefahrenen Smartphone. Am liebsten würden wir so sein wie sie. Wir lieben die Marken, die sie tragen, und versuchen uns in den Sportarten, in denen sie so brillant sind. Für viele bricht damit eine schwierige Zeit an. Auch wenn wir gesagt bekommen haben, dass alle Menschen gleich sind, wird uns spätestens hier bewusst, dass es in unserer

Gesellschaft durchaus noch große soziale Unterschiede gibt. In der Familie waren alle gleich. Bekam der Bruder mal ein größeres Stück Kuchen, fand man Wege, ihm etwas davon zu stibitzen – und die soziale Gerechtigkeit war wiederhergestellt.

Konfrontieren Kinder ihre Eltern mit dem Wunsch nach teuren Smartphones oder Markenartikeln, wird ihnen der Wunsch oft verwehrt. Nicht alle Eltern können oder wollen Monat für Monat mehrere Hundert Euro aufbringen, um extravagante Wünsche zu erfüllen. Aber egal, ob wir als Kinder alle Dinge bekommen haben, die wir wollten, oder ob wir uns mit weniger oder gar nichts zufriedengeben mussten: In beiden Fällen hat das Auswirkungen auf die Entwicklung, denn nichts begehrt der Mensch mehr als die Dinge, die er nicht haben kann.

Wichtig ist, dass wir im Verlauf unseres Lebens erkennen, wie die erfüllten und unerfüllten Wünsche unserer Kindheit uns weiter beeinflussen. So legen Menschen, die in frühen Jahren keine teure Markenkleidung getragen haben, später oft einen übersteigerten Wert darauf. Wir sollten dem Kind in uns immer genügend Raum lassen, aber beim Konsumverhalten müssen wir ihm nicht unbedingt immer nachgeben. Spätestens wenn unser Konto überzogen ist, sollten wir ihm mal Einhalt gebieten. Wie sagt Richard David Precht so schön: „Sie kaufen Dinge, die sie nicht brauchen, um Leute zu beeindrucken, die sie nicht mögen, mit Geld, das sie nicht haben."

Erlebnisse sind kostbarer als alles, was man für Geld kaufen kann.

Die Einflüsterungen der Werbung

Wenn wir morgens vom Radiowecker aus dem Schlaf gerissen werden, ist oft das erste, was wir hören, Werbung. Wenn wir beim Frühstück kurz checken, was über Nacht bei Facebook passiert ist, geht das nicht ohne Werbung. Unser Weg zur Arbeit ist von Plakaten flankiert, über die Monitore in den U-Bahnen und immer mehr öffentlichen Verkehrsmitteln flimmern weitere Kaufbefehle. Kommen wir nach Hause, leeren wir als Erstes unseren von Reklamesendungen vollgestopften Briefkasten. Wollen wir uns beim Fernsehen entspannen, werden unsere Lieblingssendungen immer wieder von TV-Spots unterbrochen, und wenn wir vor dem Schlafen ein letztes Mal auf unser Tablet schauen, geht auch das nicht ohne Werbebegleitung.

Auch wenn wir wissen, dass sich das Angebot in Internet und TV ohne Werbung nicht finanzieren ließe, sind wir doch gewaltig davon genervt. Den Werbetreibenden ist es sehr wohl bewusst, dass sie uns allen penetrant auf den Keks gehen. Was sie aber keinesfalls davon abhält, jedes Jahr Milliarden in ihre Kampagnen zu investieren. Und das hat einen einfachen Grund: Es funktioniert! Dass uns Werbung auf den Geist geht, heißt nicht, dass sie uns nicht trotzdem in ihrem Sinne beeinflusst.

Als ich gerade meine erste eigene Wohnung bezogen hatte und zum ersten Mal für meinen Minihaushalt einkaufen ging, waren meine Mittel noch recht knapp bemessen. So entschied ich mich bei den Lebensmitteln nur für die günstigsten No-Name-Produkte. Am Ende meines Einkaufs hatte ich dann aber doch das Gefühl, das ich mir auch noch etwas Gutes gönnen sollte. Ich entschied mich für einen richtig guten Kaffee und packte mir eine 500-Gramm-Packung „Jacobs Krönung" in den Einkaufswagen.

Durch meine gesamte Kindheit hatte mich die „Krönung" begleitet, schon zu Zeiten, als für mich eine Tasse „Nesquik Kakao" das höchste der Trinkgefühle war. Die Werbebotschafterin der „Krönung" war eine gewisse Frau Sommer, eine ganz unsympathische Person, wie ich schon als Kind fand. Die Geschichten liefen immer gleich ab: Frau Sommer tauchte bei einer Taufe, einer Hochzeit oder einem anderen hohen Familienfest auf, bei dem Kaffee gereicht wurde. Und der war immer so hundsmiserabel schlecht, dass das Fest zum totalen Reinfall zu werden drohte. Bis Frau Sommer auftrumpfte, aus ihrer kleinen Handtasche eine große Packung „Jacobs Krönung" hervorholte und alle schlagartig glücklich waren. Auch wenn mich das Verhalten von Frau Sommer immer geärgert hatte, war es der Firma Jacobs dennoch gelungen, mir zu vermitteln, dass ihr Kaffee etwas ganz Besonderes sei.

Natürlich wird man mit der Zeit klüger, bei seinen Kaufentscheidungen lässt man sich auch von Tests, Freunden, Bekannten und Kollegen leiten. Auch das weiß die Werbeindustrie, darum versucht sie mit dem sogenannten Influencer-Marketing, uns dazu zu bringen, die gleichen Dinge, die unsere Freunde gut finden oder empfehlen, zu kaufen, egal ob es um die neuesten Cremes oder probiotische Joghurts handelt. Besser, wir treffen unsere Entscheidungen aus unserem eigenen Bauch heraus.

Von Geburt an sind wir mit einem sehr guten Gespür ausgestattet, das uns sagt, was gut für uns ist. Bei einem Test mit Kleinkindern setzte man ihnen eine riesige Auswahl von Lebensmitteln vor. Sie konnten nehmen, was sie mochten, und gaben tatsächlich dem

Gemüse den Vorzug vor den Süßigkeiten. Mit der Zeit verlieren wir unsere natürlichen Instinkte, nicht zuletzt wegen der Einflüsse der Werbung. Wie Sie diese wiederentdecken können, dazu später mehr.

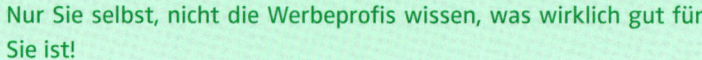

Nur Sie selbst, nicht die Werbeprofis wissen, was wirklich gut für Sie ist!

Distanz zum Weltgeschehen bewahren

Jeden Tag gibt es neue Hiobsbotschaften, oder wie man zur Zeit des Mongolensturms sagte: Tatarennachrichten. Ein Tsunami in Asien, ein Börsenbeben in den Vereinigten Staaten, Finanzkrisen kreuz und quer durch Europa, Krieg im Mittleren Osten und der Terrorismus rund um den Erdball.

24 Stunden am Tag werden wir minutiös über die neuesten Katastrophen informiert. Dabei überlagert zumeist ein aktuelles Thema den ganzen Rest. Als es in Fukushima den Zwischenfall im Atomkraftwerk gab, hielt die Welt für einen Moment den Atem an. Die Medien befassten sich mit kaum etwas anderem, die Facebook-Gemeinde postete Pray-for-Japan-Logos auf ihren Seiten, und alle nahmen Anteil – für ungefähr zwei, höchstens drei Wochen. Dann war Fukushima keine Nachricht mehr wert. Dass die Strahlenbelastung dort, Jahre später, nicht besser, sondern schlimmer geworden ist, erfährt man, wenn man gut aufpasst, gerade noch so am Rande. Denn längst wird schon die nächste Sau durchs globale Dorf getrieben.

So traurig das ist, es verhält sich mit den Katastrophen nicht anders als mit der Mode: Irgendwann haben wir uns daran sattgesehen und wenden unseren Blick in eine andere Richtung. Und in einer globalisierten und digitalisierten Welt reicht unser Blick sehr weit: Brauchte die Nachricht von der Entdeckung Amerikas Jahre oder sogar Jahrzehnte, bis sie sich überall herumgesprochen hatte, bekommen wir heute fast in Echtzeit mit, wenn sich am anderen Ende der Welt eine Tragödie abspielt. Entsprechend oft werden wir mit Schreckensmeldungen konfrontiert, und das tut natürlich auch etwas mit unserer Psyche: Es entsteht das Gefühl, zu einer schrecklichen Zeit in einer furchtbaren Welt zu leben.

Was natürlich ganz großer Blödsinn ist. Die allermeisten unserer Vorfahren mussten weitaus Ärgeres mitmachen, sie waren ständig von Hunger bedroht, Krankheiten, die heute harmlos sind, stellten noch vor hundert Jahren eine tödliche Bedrohung dar, ein bewaffneter Konflikt folgte auf den nächsten. Die allermeisten Menschen besaßen so gut wie nichts, und das wenige, das sie hatten, konnte ihnen jederzeit weggenommen werden. Es wurden keine Pläne für die weitere Zukunft geschmiedet, denn alles, was zählte, war, den nächsten Tag zu erleben.

In unserer Zeit geht es der Allgemeinheit, zumindest in unseren Breiten, gut wie in keiner anderen Phase der Menschheitsgeschichte. Und das sollte man sich einfach öfter mal ins Gedächtnis rufen. Wenn also demnächst wieder etwas Furchtbares passiert, fragen Sie sich, ob es Sie betrifft und ob Sie etwas gegen die Folgen tun können. Es gibt sehr viele Dinge im Leben, die wir nicht beeinflussen können, und sich deswegen schlaflose Nächte zu machen, ist reine Zeitverschwendung. Je mehr wir uns von den Nachrichten beeinflussen lassen, desto mehr verlieren wir uns und unser Leben aus dem Blick.

Es hat auch wenig Wert, sich für alle Gefahrenszenarien absichern zu wollen, wie die Geschichte eines Mannes aus Australien zeigt, der den Zweiten Weltkrieg vorhersah. Um der Bedrohung zu entgehen, suchte er mit großem Bedacht nach einem sicheren Platz, an dem er die aufziehende Tragödie unbeschadet überstehen würde. Er entschied sich für eine Insel im Nirgendwo, die für die Militärs aller Mächte strategisch total wertlos zu sein schien, auf der es nichts als Kokospalmen gab. Guadalcanal Island, die Insel, auf die er sich schließlich geflüchtet hatte, sollte kurze Zeit später zu einem Schauplatz der schrecklichsten Gefechte im Zweiten Weltkrieg werden. Wäre er zu Hause in Australien geblieben, hätte er seinen Frieden gehabt. Was einmal mehr beweist, dass auch kluge Menschen nicht immer die klügsten Entscheidungen treffen. Genießen Sie Ihr Leben jeden Tag, egal was in der Welt gerade wieder los ist.

Einmal rief mich noch spät am Abend eine Frau an und bat ganz dringend um einen Termin, weil sie von schlimmen Angstzuständen gequält wurde. Als sie dann bei mir zur Behandlung kam, wollte sie gar nicht mit mir über ihren eigenen Zustand reden, sondern über die Situation in der Welt. Sie empfahl mir nachdrücklich die Lektüre einiger Internetseiten, dann würde mir schnell klarwerden, dass das Ende der Welt kurz bevorstehe und auch ich mich darauf vorbereiten solle. Schnell zeigte sich, dass sie sich schon länger durch recht zweifelhafte Quellen im Internet hatte verunsichern lassen und jede Schreckensmeldung für bare Münze genommen hatte. Je absurder die Theorie, desto mehr sprang sie darauf an. Das kostete sie nicht nur unendlich viel Nerven, sondern auch noch eine Stange Geld: So hatte sie für einige Tausend Euro eine Kupferstange erworben, die ihr helfen sollte, angebliche „Chemtrails" aufzulösen, Streifen, die von Flugzeugen am Himmel hinterlassen werden und mit denen wir angeblich vergiftet werden sollen. Sie war so verunsichert, dass sie überall nur noch den Untergang sah, und das Internet mit seinen zahllosen Verschwörungstheorien bestärkte sie noch in ihren apokalyptischen Gedanken. Sie hatte vollkommen das Gespür verloren, Dinge kritisch zu hinterfragen, und glaubte alles, was in ihr Stimmungsbild passte. Im weiteren Lauf der Behandlung fanden wir die wesentlich tiefer verborgenen Ursachen für ihre Ängste heraus, und sie konnte sich wieder beruhigen.

Für alle von uns ist es wichtig, eine kritische Distanz zum Tagesgeschehen in den Medien zu bewahren. Die Checkliste für die Horrormeldungen des Tages:

- Betrifft es mich?
- Betrifft es die Menschen, die mir wichtig sind?
- Kann ich etwas tun, um zu helfen?

Wenn nicht, besteht kein Grund, sich aufzuregen.

Trotz aller Schreckensmeldungen: Die Welt bleibt schön!

Lieber echte Erlebnisse als Likes

Soziale Netzwerke sind etwas Wunderbares: Da sind die alten Freunde, die einem auf Facebook wiederbegegnen, man vergisst keine Geburtstage mehr und gewinnt womöglich auch noch neue Freunde hinzu. Auch wenn uns manche einreden wollen, die sozialen Medien lassen uns Zwischenmenschliches nur noch aus zweiter Hand erleben, haben Menschen, die bei Facebook und Co aktiv sind, auch im richtigen Leben mehr Kontakte. Doch gerade bei den guten Dingen, wie z. B. Schokolade oder Rotwein, besteht die Gefahr, dass wir es übertreiben, und zwar gründlich.

Wissenschaftler wollen herausgefunden haben, dass Likes bei uns zu ähnlichen Ausschüttungen von Hormonen führen wie die Einnahme von Drogen. Und man kann tatsächlich süchtig danach werden. Wer noch nie einen Beitrag gepostet und alle zehn Minuten kontrolliert hat, ob und von wem sein Beitrag kommentiert wurde, der werfe den ersten Stein. Wenn man auf den Geschmack gekommen ist, ist die Gefahr groß, sich und seine eigenen Gefühle aus den Augen zu verlieren: Dann nämlich, wenn wir die Welt auf einmal nur noch mit den Augen unserer Freunde sehen und nur auf der Suche nach Motiven und Situationen sind, die sie veranlassen könnten, unserem Beitrag ein Like zu geben.

Schöne Momente sind dazu da, dass man sie zunächst einmal selber richtig in sich aufnimmt und genießt. Sonst ist es wie im Urlaub: Wir entdecken eine Sehenswürdigkeit und greifen gleich zum Smartphone oder zur Kamera und überlegen nur, wie wir sie am besten einfangen können. Ist das passiert, wird gleich Ausschau nach dem nächsten Objekt gehalten, das den Druck auf den Auslöser wert ist. An die Urlaube, in denen wir keine Fotos gemacht haben, können wir uns meist besser erinnern, weil wir die Bilder in uns aufgenommen haben. Das heißt nicht, dass Sie demnächst immer die Kamera zu Hause lassen sollten, man sollte sich nur einfach ein wenig mehr Zeit geben, sich an den Wundern der Welt und den Wundern des Alltags zu erfreuen. Anschließend besitzt man viel mehr, was man teilen kann, auch auf Facebook.

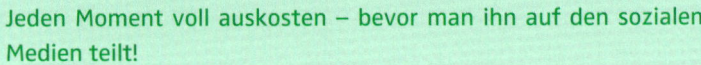

Jeden Moment voll auskosten – bevor man ihn auf den sozialen Medien teilt!

Das eigene Aussehen annehmen

Es gibt tatsächlich Menschen, die können ein komplettes Wiener Schnitzel verdrücken und gleich noch einen Kaiserschmarren hinterher und bleiben trotzdem gertenschlank. Es sind aber nur sehr wenige, denen es so geht, und sie werden von ziemlich allen gehasst. Das Gros der Bevölkerung hingegen leidet an Gewichtsproblemen, oder denkt zumindest, es hätte sie. Kaum ein Tag vergeht, an dem Wissenschaftler nicht wieder etwas Neues zum Thema Ernährung herausgefunden haben. Ständig werden neue Dickmacher identifiziert und neue Wunderdiäten gefunden. Mal sollen wir uns ernähren wie die Steinzeitmenschen, dann ist 16 Stunden Fasten am Tag angesagt, und schon wird die nächste Wundertherapie propagiert, die genauso nutzlos ist wie die vorangegangenen, aber diesmal bitte eine mit Tofu, denn in Zukunft sollen oder wollen wir alle vegan leben.

Wehe dem, der beim nächsten Trend anbeißt. Denn je mehr Diäten man durchlitten hat, desto dicker wird man in der Regel. Die Hose, die man vor der Krautwickeldiät noch mit Mühe und Not zubekommen hat, kann man spätestens nach der Atkins-Diät dank des berühmten Jojo-Effekts in die Altkleidersammlung geben. Bevor man sich also in diesen Teufelskreis begibt, gilt es eine Frage zu klären: Wann ist man eigentlich zu dick? Die Antwort darauf liefert keineswegs der Body-Mass-Index, denn unser Idealgewicht ist das, mit dem wir uns wohlfühlen.

Wenn Sie aber doch aus guten Gründen ein paar Pfunde loswerden wollen, machen Sie es entspannt. Beginnen Sie keinen Feldzug gegen Ihren eigenen Körper, bestrafen Sie ihn nicht, weil Ihr Stoffwechsel nicht so perfekt verbrennt wie bei anderen. Gerade beim

Essen ist es wichtig, auf seine Bedürfnisse zu hören. Eine Freundin hatte sich im Urlaub eine Hepatitis eingefangen, im Krankenhaus gab man ihr eine Liste mit allen Lebensmitteln, die für sie während der Krankheit tabu sein sollten. Sie erzählte, dass sie beim Einkaufen gar nicht auf die Liste gucken musste, weil sie auf genau die Sachen, die darauf verzeichnet waren, überhaupt keinen Appetit hatte. Unser Körper weiß von selbst, was gut für ihn ist und was nicht.

Wenn Sie der Ansicht sind, Sie würden sich mit ein paar Kilo weniger auf den Rippen wohler fühlen, machen Sie auf keinen Fall eine kurzfristige Diät. Überlegen Sie lieber, worauf Sie ab und zu verzichten könnten. Lernen Sie wieder, auf Ihren Körper zu hören. Kein Ratgeber und keine wohlmeinenden Freunde wissen besser, was gut für *Sie* ist.

In meiner Praxis habe ich immer wieder mit Klienten zu tun, die ihr Äußeres mehr als kritisch betrachten, Frauen meist mehr als Männer. Männer haben zwar auch oft Probleme mit ihrem Äußeren, wenn sie sich zu klein, zu dick oder zu glatzköpfig vorkommen, aber Frauen gehen mit der Abneigung gegen ihr Äußeres noch viel mehr ins Detail und sind sich selbst gegenüber noch viel gnadenloser. Ihre Schenkel erscheinen ihnen zu dick, der Po zu flach, das Haar zu dünn, schon ein kleiner, scheinbarer Makel zerstört in ihren Augen das gesamte Bild.

Eine Klientin von mir litt unter ständigen Eifersuchtsattacken. Das ging so weit, dass ihre langjährige Beziehung in ernstliche Gefahr geraten war. Ich ließ sie zunächst eine Liste anfertigen: Sie sollte aufschreiben, was sie an sich mag und was nicht. Die zweite wurde um einiges länger. Auch wenn sie ganz objektiv betrachtet eine attraktive Frau war, hatte sie an ihrem Körper unglaublich viel auszusetzen, und die Liste ihrer angeblichen Mängel nahm einfach kein Ende. Daraufhin nahmen wir uns jeden einzelnen Punkt auf ihrer Liste vor. Alleine in ihrem Gesicht fand sie sechs verschiedene Details unschön. Zunächst machten wir uns daran herauszufinden, wie sie darauf kam, dass ihre Nase zu groß, ihre Ohren zu klein und ihr Kinn zu bestimmend sei, und gingen so jeden der eingebildeten Makel durch. Schnell fanden wir heraus, dass sie sich die Kritik von anderen zu eigen gemacht hatte. Dazu kamen noch Beleidigungen, die sie in der Kindheit einmal erfahren hatte und die längst jeder Grundlage entbehrten.

Mithilfe der von mir entwickelten Blasentechnik (wie sie genau funktioniert, verrate ich Ihnen später) änderte sich ihre Selbstwahrnehmung Schritt für Schritt. Meine Klientin bekam wieder mehr Bezug zu sich, erkannte besser ihre Stärken und schönen Seiten und lernte schließlich, auch ihre nicht so perfekten Seiten zu lieben. Je größer ihr Selbstwertgefühl wurde, desto mehr verschwand die Eifersucht, die sie fast aufgefressen hätte.

Nobody is perfect – zum Glück!

Gut aussehen statt perfekt gestylt sein

Schon wenn wir morgens allein vor unserem Schrank stehen, versuchen uns andere zu leiten. Irgendwo aus unserem Hinterkopf erklingt die Stimme unserer lieben Großmama, die auch Jahre nach ihrem Ableben immer noch sehr besorgt darüber ist, ob wir uns denn warm genug anziehen. Dann zicken da natürlich auch die Redakteurinnen unserer favorisierten Fashionmagazine, die uns ständig aufs Neue einimpfen, was wir unbedingt zu tun und zu lassen haben, um nicht ein einziger wandelnder *mega fail* zu sein. Natürlich bedenken wir bei der Wahl unserer Garderobe auch, wie unsere Partner, unsere Kinder und unsere Kollegen am Arbeitsplatz uns darin beurteilen werden.

Dabei ist einzig und allein wichtig, wie wir uns fühlen. Gerade bei ganz wichtigen Terminen kann man in Sachen Bekleidung eine Menge falsch machen. Für Bewerbungsgespräche oder ein erstes Date, was ja nichts anderes als ein Bewerbungsgespräch ist, haben viele ein ganz besonderes Outfit im Kleiderschrank, das sie nur zu solchen Anlässen tragen. Und weil man es so selten trägt, fühlt es sich ungewohnt an, darum verleiht es einem nicht unbedingt die Sicherheit, die man gerade in dieser Situation bräuchte. Außerdem spiegelt man seinem Gegenüber ein ganz falsches Bild von sich: Wenn nach dem ersten Date das Cocktailkleid wieder eingemottet und gegen Jeans und Pulli ausgetauscht wird, kann das beim Gegenüber schon Anlass für eine Enttäuschung geben. Das Gleiche passiert dem Personalchef, der den perfekt gescheitelten Bewerber im tadellos sitzenden Anzug eingestellt hat, wenn plötzlich ein Skater-Boy im Hoodie auf der Arbeit auftaucht.

In Sachen Mode konnte ich nicht nur in meiner Praxis eine Reihe interessanter Beobachtungen machen. Gerade Männer, die wenig Interesse daran haben, geben überdurchschnittlich viel Geld dafür aus. Sie denken, wenn sie sich für ein teures Markenprodukt mit einem möglichst auffälligen Logo entscheiden, werden sie schon von allein fantastisch darin aussehen. Ob das aber tatsächlich so ist, steht auf einem anderen Blatt. Ein amerikanisches Kaufhaus hat mal mit dem Satz geworben: „It's in, but maybe you shouldn't be in it.“ Der letzte Schrei sieht an manchem leider zum Heulen aus. Besser also, man entwickelt seinen eigenen Stil.

Im Zeitalter der Selbstperfektionierung wollen immer mehr Menschen auch perfekt gestylt sein, immer mit der Mode gehen und am besten den Trends noch einen Schritt voraus sein. Eine meiner Klientinnen trieb dieses Verlangen so weit, dass sie anfing, unter Panikattacken zu leiden. Sie war Mitte 30, was sie schon nicht mehr als das perfekte Alter empfand, und sah immer aus, als wäre sie gerade einem Modemagazin entstiegen. Wenn sie mein Gesprächszimmer betrat, konnte man meinen, sie wäre ein Model, das über den Laufsteg flanierte. Jede ihrer Bewegungen schien wohlüberlegt, besonders fiel mir immer auf, in was für einem perfekten Winkel sie ihre Hand hielt, an der die neue schicke Designertasche baumelte. Als ich sie darauf ansprach, erklärte sie mir, es sei ihr Hobby, perfekt zu sein und noch perfekter zu werden, gerade was die neueste Mode anging. Als ich bemerkte, dass ich mir das sehr anstrengend vorstelle, immer dem neuesten Modediktat zu folgen, bestätigte sie das durchaus.

Was sie in ungeahnte innere Konflikte stürzte, war der Umstand, dass sie an jeder Ecke etwas entdeckte, das noch neuer, besser und extravaganter war als die Kleidung und die Accessoires, die sie trug. Und das machte sie ständig unzufrieden. Die neue Tasche, die sie gerade für den Gegenwert mehrerer Monatsmieten erstanden hatte, war schon ein paar Stunden später nur noch zweite Wahl, weil sie ein noch begehrenswerteres Modell in einem Modemagazin entdeckt hatte. So wurde ihr Streben nach modischer Perfektion zur Quelle endloser Frustrationen, an deren Ende Panikattacken standen. Dabei hatte alles ganz harmlos begonnen: Am Anfang ihrer Leidensgeschichte standen Komplimente, nach denen sie ganz süchtig geworden war. Ganz besonders wichtig war ihr die Anerkennung durch ihre Freundinnen. Irgendwann sah sie sich nur noch durch deren Augen und verlor sich selber mehr und mehr. Auch ihr konnte ich mit der Blasentechnik helfen, sich wieder selbst wahrzunehmen.

Kaum etwas kann uns so krank machen wie das Streben nach Perfektion – dabei ist Perfektion im Grunde doch in den allermeisten Fällen ziemlich langweilig. Es sind gerade die Unperfektheiten, die uns einzigartig machen. Man stelle sich eine Welt vor, die nur von Kens und Barbies bevölkert wäre – kein Platz, an dem ich leben möchte. Vielmehr müssen wir lernen, uns zu lieben, wie wir sind, indem wir erkennen und uns daran erfreuen, was uns einzigartig macht. Und das sind nicht die neuesten Torheiten der Modeindustrie.

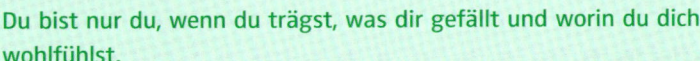

Du bist nur du, wenn du trägst, was dir gefällt und worin du dich wohlfühlst.

Ein Partner muss nur mir selbst gefallen

Wie sollte es anders sein: Auch bei der Partnerwahl spielen oft andere eine große Rolle. Wir betrachten das Objekt unserer Liebe auch mit den Augen unserer Eltern und unserer Freunde. Wer in der Clique nicht so beliebt ist, wird es wesentlich schwerer haben, den Weg in unser Herz zu finden; wer die Freunde neidisch macht, ist schon eher ein geeigneter Kandidat. Dabei sind nicht unbedingt die Partner mit dem größten Neidfaktor auch die, die uns langfristig glücklich machen. Doch nichts lässt sich schwerer steuern als unsere Gefühle. Der französische Mathematiker Blaise Pascal hat das schon im 17. Jahrhundert auf eine treffende Formel gebracht: „Das Herz hat seine Gründe, die der Verstand nicht kennt."

Jeder hat bei der Partnerwahl besondere Vorlieben. Dabei achten wir leider viel zu sehr auf Äußerlichkeiten und weniger auf Charakterzüge. Wenn jemand unseren äußerlichen Idealen entspricht, werden wir über vieles andere hinwegsehen. Das Problem dabei ist nur: Die Äußerlichkeiten sind es, die uns zu einem Menschen hinziehen, doch in einer langfristigen Beziehung spielen die Charaktereigenschaften eine immer wichtigere Rolle. Die Frage, die man sich zu Anfang und während einer Beziehung immer mal wieder stellen sollte, ist: Tut mir mein Partner gut, und tue ich ihm gut?

Einer der Schwerpunkte meiner Arbeit ist die Paartherapie. Bei manchen Paaren habe ich schon im ersten Moment eine Ahnung davon, wo es klemmen könnte, manchmal dauert es aber auch länger, dem Problem auf die Spur zu kommen. Eines Tages stand das perfekte Paar bei mir in der Praxis. Beide waren gleichermaßen attraktiv, selbstbewusst, erfolgreich im Job, alles schien, als hätten sie sich gesucht und gefunden. Wenn da nicht ein Problem gewesen wäre: Er wollte einfach keinen Sex mehr haben. Schon am Anfang war er in der Beziehung nicht besonders aktiv gewesen, und da waren die beiden gerade einmal drei Monate verheiratet. Mit der Zeit stellte sich dann heraus, dass der Mann nicht immer so passiv gewesen war, ganz im Gegenteil, bevor er seine Frau kennengelernt hatte, war sein Sexleben sogar ziemlich aufregend gewesen. Nur waren seine Partnerinnen damals so ganz anders gewesen.

In einem Einzelgespräch offenbarte er mir, er fühle sich zu Frauen hingezogen, die seine Mutter als „billig" bezeichnet hätte: grelles Make-up, kurze Röcke und extreme High Heels waren das, was ihn an Frauen am meisten erregte. Im Laufe der Jahre hatte er mehrere Freundinnen gehabt, die diesem Bild entsprachen. Das Problem war bloß, er konnte keine davon vorzeigen, im Freundeskreis nicht und bei seinen Eltern erst recht nicht. Als er dann seine Frau kennenlernte, die sehr elegant ist, war auf einmal alles ganz anders. Nach dem Besuch bei Freunden hörte er zum ersten Mal: „Die kannst du wieder mitbringen", und als er sie den Eltern vorgestellt hatte, die von seinen vorherigen Freundinnen alles andere als begeistert waren, nahm ihn seine Mutter in den Arm und sagte nur: „Junge, ich bin so glücklich." Ihm selbst lag auch sehr viel an ihr, aber er fühlte sich sexuell von Anfang an nicht zu ihr hingezogen. Verliebt war er in das Gefühl, endlich jemanden an seiner Seite zu haben, der von den Menschen, die ihm wichtig waren, akzeptiert wurde.

Das Fundament für eine glückliche Beziehung war das aber nicht. Für ihn war es wichtig zu erkennen, dass er nur mit einem Menschen glücklich werden kann, der auch wirklich zu ihm passt, einem Menschen, der seinen und nicht den Erwartungen aus seinem Umfeld gerecht wird. Inzwischen hat er die Frau gefunden, mit der er glücklich ist und die auch in seinem Umfeld akzeptiert wird. Nur seine Mutter ist noch ein wenig reserviert, aber allen kann man es eben nie recht machen – und sollte es auch gar nicht erst versuchen.

Dein Partner muss alleine dir gefallen und niemand anderem!

Kein Druck im Urlaub

Der Urlaub ist das Sahnehäubchen auf dem Jahr. Viele zählen schon Wochen vorher die Tage, wann es endlich losgeht. Dabei werden die zwei, drei Wochen mit so vielen Erwartungen überfrachtet, dass es oft einfach schiefgehen muss.

Ein Grund ist, dass wir häufig eine vollkommen falsche Vorstellung von unserem Ziel haben. Hören wir beispielsweise das Wort „Karibik", läuft vor unserem geistigen Auge sofort ein Hochglanzwerbespot ab, wir sehen Palmen, türkisblaues Meer, exotische Cocktails und glauben schon den sanften Tropenwind zu spüren, der uns zärtlich in der Hängematte wiegt. Das alles erwartet uns auch tatsächlich dort – genau wie bittere Armut, Kriminalität und seltene Krankheiten. Darum ist es bei der Urlaubsplanung sehr sinnvoll, sich ein genaues Bild vom Ziel zu machen. Die Reisewarnungen vom Auswärtigen Amt können einen vor manch böser Überraschung schützen, und eine gut gefüllte Reiseapotheke auch.

Zuallererst sollten wir uns aber fragen, was wir von unserem Urlaub erwarten. Wer mit der Absicht reist, seine kriselnde Beziehung zu kitten, dem rate ich, aus der Urlaubskasse lieber ein bisschen Geld für eine Paartherapie abzuzweigen, denn tatsächlich gehen nirgendwo anders so viele Beziehungen endgültig zu Bruch wie im Urlaub.

Wichtig ist, dass man auch im Urlaub immer auf seine innere Stimme hört. Wie viele hartnäckige Magen-Darm-Leiden haben schon mit dem Satz begonnen: „Wenn du da bist, musst du unbedingt diese Spezialität probieren." Probieren Sie nur, worauf Sie Lust haben! Auch auf die Gefahr hin, dass Sie nie im Leben erfahren, wie hundertjährige Eier oder vergorener Dosenfisch tatsächlich schmecken.

Das vielleicht Schönste am Urlaub ist, dass man mal ein paar vollkommen unverplante Wochen vor sich hat. Es sei denn, man geht in einen Ferienklub, in dem man sich dann seinen Tag wieder komplett von Sonnenaufgang bis nach Sonnenuntergang durchtakten lässt – wäre es nicht schöner, jeden Morgen aufzuwachen und aufs Neue zu entscheiden, was man mit dem Tag anfangen will?

„Wenn du dort bist, musst du unbedingt das und das gesehen haben!" Nein, müssen Sie nicht. Man hat schon von Menschen gehört, die eine fantastische Zeit in Paris hatten, ohne auch nur einen Blick auf den Eiffelturm geworfen zu haben. Das Geheimnis eines perfekten Urlaubs ist es, alle Verpflichtungen auf ein Mindestmaß zu reduzieren, und das sind die Abflugzeiten des Ferienfliegers. Wenn Sie also lieber am Strand liegen als einen Besichtigungsmarathon zu absolvieren: kein Grund für ein schlechtes Gewissen.

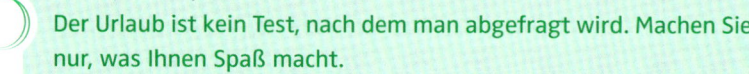

Der Urlaub ist kein Test, nach dem man abgefragt wird. Machen Sie nur, was Ihnen Spaß macht.

Stress in der Arbeit?

Die Arbeit hat eine zentrale Rolle in unserem Leben, sie nimmt einen großen Teil unserer Zeit ein und sie hat Auswirkungen auf unser gesamtes Leben: Wie viel verdienen wir mit unserem Job? Was können wir uns damit leisten? Wenn wir im Beruf Spaß haben, werden wir auch in der Freizeit gute Laune haben. Nur sieht die Wirklichkeit bei den meisten leider anders aus. Bei Untersuchungen hat man herausgefunden, dass tatsächlich nur zehn Prozent der Angestellten mit wirklichem Herzblut bei der Sache sind, die restlichen 90 Prozent sind froh, wenn die Arbeit vorbei ist.

In meiner Praxis häufen sich in den letzten Jahren die Fälle von Burn-out, das ist ungefähr seit der Zeit, in der sie zum ständigen Thema in den Medien geworden sind. In einer Zeit, wo Mitarbeiter auch am Abend und am Wochenende von ihrem Arbeitgeber noch mit E-Mails bombardiert werden, wo sich niemand seines Arbeitsplatzes auf alle Zeiten sicher sein kann, wo ständige Weiterbildung zur Pflicht geworden ist, verwundert es natürlich nicht, dass immer mehr Menschen ausgebrannt sind. Es gibt aber auch die unzufriedenen, gelangweilten, die eher unterfordert sind – sie leiden am so genannten Boreout-Syndrom.

Ich wähle meinen Beruf selbst

Der Mann, der an einem Herbstmorgen meine Praxis betrat, machte schon auf den ersten Blick den Eindruck eines sehr erfolgreichen Menschen. Zumindest konnten sein tadellos sitzender Anzug, die perfekt geputzten Schuhe und die teure Armbanduhr diesen Eindruck erwecken. Umso mehr schien es ihn selber zu verblüffen, dass er sich in letzter Zeit merkwürdig unwohl fühlte: Herzrasen, Schwindelanfälle, Beklemmungen. Sein Hausarzt hatte ihn durchgecheckt und angedeutet, es könnte sich um Panikattacken durch Überlastung handeln, eine Diagnose, die ihm offensichtlich überhaupt nicht behagte, war er doch der Meinung, sein Leben vollkommen unter Kontrolle zu haben. Er leitete ein Unternehmen mit über hundert Mitarbeitern, hatte eine Frau, zwei Kinder und ein brauchbares Handicap beim Golfen. Weder geschäftlich noch privat gab es ernsten Anlass zur Sorge. Zweimal hintereinander betonte er, er hätte alles im Griff.

Als ich wissen wollte, was ihm denn am meisten Freude im Leben macht, musste er einen Moment nachdenken. Die Antwort lautete, seinen Töchtern vor dem Einschlafen eine Geschichte zu erzählen, doch dafür lasse ihm sein Job nicht allzu viel Zeit. Als ich ihm erklärte, dass es wohl ein paar Sitzungen dauern würde, um seinen Problemen auf den Grund zu gehen, blockte er zunächst ab: Sein eng getakteter Terminkalender lasse das gar nicht zu. Er rückte damit raus, dass er überhaupt nur gekommen war, weil er es seiner Frau versprochen hatte. „Macht sich also nur Ihre Frau Sorgen um Ihre möglichen Panikattacken und Sie nicht?", lautete meine Frage. „Sie wissen ja, wie Frauen sind", erwiderte er, doch wirklich überzeugt war er von seiner Antwort offensichtlich selber nicht. Ich machte mit ihm ein paar Übungen zur Entspannung (wenn Ihnen gerade nach Entspannung ist, finden Sie die Übungen ab S. 57), einen neuen Termin ließ er sich nicht geben. Doch ich war mir recht sicher, ich würde ihn wiedersehen. Nach ein paar Wochen klingelte spätabends das Telefon bei mir: Seine Zustände, wie er das nannte, hatten sich verschlimmert.

Im Rahmen einer Therapie kommt man natürlich schnell auf die Kindheit zu sprechen. Schon der Vorname, den die Eltern meinem Klienten gegeben hatten, gab einen Hinweis in eine bestimmte Richtung. Die Wahl des Namens verrät oft einiges über die Erwartung der Eltern an die Kinder. Wer ehrgeizige Pläne mit ihnen hat, der entscheidet sich bei Jungen beispielsweise gern für Alexander, den Inbegriff des Eroberers und Herrschers. Mein Klient, der einen ähnlich ambitionierten Vornamen hatte, war von frühester Kindheit an auf Erfolg programmiert. Zuneigung war nie eine Selbstverständlichkeit, sondern die Belohnung für erbrachte Leistungen. So wurde er von Anfang an darauf gedrillt, seine eigenen Interessen und Bedürfnisse zu ignorieren und nur das zu tun, was die anderen von ihm erwarteten. Vordergründig mit Erfolg: Er machte ein Einserabitur, entschied sich auf Wunsch seines Vaters für ein BWL-Studium, das er ebenfalls vorbildlich abschloss, und arbeitete sich in wenigen Jahren zum Geschäftsführer in einem erfolgreichen Unternehmen hoch. Zwischendurch heiratete er und gründete eine Familie.

Alle seine beruflichen Erfolge hatten für ihn aber einen schalen Beigeschmack, war er die ganze Zeit doch nicht von der Begeisterung für die Dinge, die er tat, getrieben, sondern von dem Gefühl, seine Pflicht erfüllen zu müssen – eben das zu tun, was man von ihm erwartete. Während unserer Sitzungen machten wir uns auf die Suche nach seinen eigenen, tatsächlichen Neigungen und Wünschen. Er erzählte viel von seiner Schulzeit und wie enttäuscht er von Lehrern war, die lieblos ihren Stoff durchpeitschten. Er hatte mal einen Satz von Montaigne gelesen, von dem er nach wie vor sehr beeindruckt war: „Ein Kind zu unterweisen heißt nicht, ein Gefäß zu füllen, sondern ein Feuer zu entfachen." Genau das war es, was er gern tun wollte: bei anderen die Begeisterung hervorrufen, nach der er sich immer gesehnt hatte.

Mittlerweile hatte er schon damit angefangen, sein Leben gründlich zu ändern. Er zog einen Schlussstrich unter seine Karriere, stieg nach einer Übergangsphase aus seinem Job aus und fing noch einmal ein Studium an. Pünktlich zu seinem 40. Geburtstag will er seinen Abschluss machen und anschließend als Lehrer für Deutsch und Geschichte seinen Lebensweg fortsetzen. Die Reaktionen seiner

Eltern und seiner Frau auf seine beruflichen Pläne fielen übrigens bei Weitem nicht so harsch aus, wie er das befürchtet hatte. Seit seine Vorstellungen eine konkrete Form angenommen hatten, waren sämtliche Gefühle von Beklemmungen, Schwindel und Panik verschwunden.

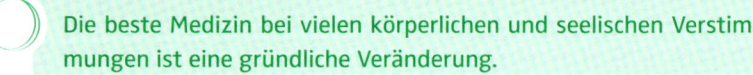

Die beste Medizin bei vielen körperlichen und seelischen Verstimmungen ist eine gründliche Veränderung.

Veränderungen im Beruf sind möglich

Zu den Dingen, die Menschen am Ende ihres Lebens am meisten bereuen, zählt es, einen Beruf ausgeübt zu haben, der ihnen mehr Kummer als Freude bereitet hat. Und das muss gar nicht unbedingt am Stress liegen. Permanent unterfordert zu sein ist beinahe genauso schlimm, wie permanent überfordert zu sein. Wenn man mit den Kollegen nicht gut klarkommt, kann man keine Freude an der Arbeit haben. Führungspositionen sind die einsamsten Stellen der Welt, denn es gibt niemanden, dem man sein Leid klagen kann.

Darum sollte man immer wieder überprüfen, ob der Job noch der richtige für einen ist, und sich an das Motto der Bremer Stadtmusikanten erinnern: „Etwas Besseres als den Tod findest du überall." Eines ist ganz wichtig: Solange wir leben, ist es nie zu spät, einen neuen Weg einzuschlagen. Ich hatte Klienten, die mit Mitte 40 ein Fernstudium gestartet haben und mit Anfang 50 in eine neue Laufbahn gestartet sind. Mit der richtigen Qualifikation hat man auch im fortgeschrittenen Alter gute Chancen auf eine zweite Karriere.

Worauf sollte man bei der Berufswahl also achten? Natürlich auch auf das liebe Geld: Es gilt, einen Kassensturz zu machen und herauszufinden, wie viel Geld man mindestens braucht, um ein Leben nach seinen Vorstellungen zu führen. Dann muss man sich fragen: Welche Talente habe ich? Wo kann ich die am besten einbringen? Reicht meine Ausbildung für das, was ich gern machen möchte? Es gibt zahllose Möglichkeiten, sich erfolgreich weiterzubilden.

Es gibt nicht wenige Menschen, denen es gelungen ist, ihr Hobby zum Beruf zu machen. Ein Unternehmensberater aus meinem Klientenkreis wollte nur noch raus aus dem Job, der für ihn ein Gefängnis war. Der Mann war mit Mitte 40, nur noch wenige Meter vom Burn-out entfernt und drauf und dran, alles hinzuschmeißen. Doch sein Geld reichte bei Weitem nicht aus, um in Frührente zu gehen, zumal er zwei Kinder hatte, die irgendwann auch noch studieren sollten. Seine größte Sehnsucht aber war es, in ein Land zu gehen, wo die Sonne immer scheint. Heute leitet er einen Golfclub direkt am Mittelmeer. Als er einmal wieder in München war, um seine mittlerweile erwachsenen Kinder zu besuchen, traf ich ihn. Ich brauchte ihn gar nicht zu fragen, wie es ihm geht, das breite Lächeln in seinem Gesicht sagte alles.

Warum hängen so viele Menschen an ihrem ungeliebten Job? Zum einen ist es das Sicherheitsgefühl, zum anderen die Angst vor dem Neuen. Und so findet man sich nach jedem Ärger in der Firma schnell wieder mit den Gegebenheiten ab. Was meistens ein Fehler ist. Es ist immer gut, sich umzuschauen. Das ist wie in einer Beziehung: ein harmloser Flirt ist gut für das Selbstbewusstsein und kann dafür sorgen, dass man sich in der Partnerschaft wieder wohler fühlt. Doch was den Beruf angeht, sollte die Maxime gelten: Das Leben ist zu kurz, um in einer ungeliebten Position zu verharren.

Und die Sicherheit, die man sich von einer Festanstellung erhofft, ist in vielen Fällen sehr trügerisch. Denn gerade erleben wir, dass die gesamte Arbeitswelt auf den Kopf gestellt wird. Früher erlernte man einen Beruf und übte ihn ein ganzes Leben lang aus, meist sogar beim gleichen Arbeitgeber. Das hat sich längst dramatisch geändert. Durch die rasant voranschreitende Digitalisierung entstehen ständig neue Jobs, während andere Berufe für immer verschwinden. Immer mehr Tätigkeiten werden automatisiert, von Software erledigt oder aus andern Gründen überflüssig. Der Buchhalter galt seit je als krisenfeste Lebensstellung, inzwischen wird seine Tätigkeit immer mehr von Maschinen erledigt. Steuerberater werden durch elektronische Datenübermittlung und Softwarelösungen auch langsam überflüssig. Komplexe Arbeitsprozesse, die vor Jahren noch umfangreichste Technik und immenses Spezialwissen verlangten, kann heute praktisch jeder an seinem Heimcomputer erledigen, von der Produktion professioneller Videos bis hin zu aufwendigen Musikproduktionen.

„Die einzige Konstante im Leben ist die Veränderung" – und das ist kein Grund, sich zu sorgen, denn alles andere wäre ja auch langweilig. Es werden auch in Zukunft genug neue spannende Herausforderungen entstehen. Die neue Arbeitswelt wird uns viel mehr Freiheiten lassen als je zuvor in der Geschichte. Die Zeit der Stechuhren ist vorbei, wir werden weniger arbeiten und doch das gleiche Geld verdienen. Und das Beste: Viele werden die Chance haben, zu arbeiten wann und wo sie wollen. Schon heute verzichten immer mehr Unternehmen auf feste Arbeitszeiten und feste Arbeitsplätze. Jeder kann seine Aufgaben erledigen, wo und wie es ihm am besten passt. Das ist besonders für alle, die morgens nicht vor Tau und Tag vom Wecker aus dem Bett geworfen werden wollen, eine hervorragende Perspektive.

Im nächsten Abschnitt beschäftigen wir uns mit dem Rüstzeug, das Sie brauchen, um privat und beruflich Ihre eigene Welt zu gestalten. Die Grundlage dafür ist, dass man sich seiner selbst bewusst wird und lernt, in jeder Situation bei sich zu bleiben und sich immer richtig wahrzunehmen. Wie können wir einen gesunden Abstand von den Einflüssen unserer Außenwelt bekommen, um unserem Ich den nötigen Raum zu geben und einen Austausch mit anderen zu finden, der von gegenseitigem Geben und Nehmen geprägt ist?

SICH SELBST ENTDECKEN

Willkommen im praktischen Teil. Im zweiten Teil des Buches möchte ich Ihnen die von mir entwickelte Blasentechnik vorstellen. Damit lernen Sie, mittels einfacher Übungen Ballast abzuwerfen und Ihr ureigenes Ich zu befreien, sich wiederzufinden oder sich überhaupt zum ersten Mal wirklich selbst zu entdecken. Sie lernen, in jeder Situation bei sich zu bleiben und zu den Menschen in Ihrem Umfeld einen gesunden Abstand zu haben – nicht, um auf Distanz zu gehen, sondern, um auch die anderen besser zu verstehen.

Die eigenen Bedürfnisse ausloten

Es ist zunächst einmal essenziell, festzustellen, dass unser Ich viel mehr ist, als sich in Kilo und Zentimeter vermessen lässt. Der Mensch ist ein unglaublich vielschichtiges Wesen. Jeder Einzelne ist eine Skulptur, an deren Entstehung viele mitgewirkt haben: Eltern, Erzieher, Freunde und viele mehr. Im Laufe unserer Entwicklung gewinnen einige unserer Eigenschaften an Wichtigkeit, andere werden verschüttet. Das hängt stark von unserer Lebenssituation ab. Besonders prägend sind dabei unsere Erziehung, unsere Ausbildung, unsere Arbeit und unsere Beziehungen.

Wenn ich meinen Klienten in der ersten Sitzung die Frage stelle „Wer sind Sie? Was macht Sie aus?", ist die erste Antwort oft ein fragender Blick. Viele Menschen sind sich ihrer selbst viel zu wenig bewusst. Im Gespräch ist ihnen manches Mal die Anstrengung anzusehen, mit der sie in sich gehen. Mit höchster Intensität versuchen sie sich zu erforschen und stellen am Ende nicht selten fest, dass es da nicht viel zu berichten gibt. Was nicht daran liegt, dass es sich bei Ihnen um vollkommen unbeschriebene Blätter handelt, vielmehr ist die Persönlichkeit im Laufe der Zeit verschüttet worden, man hat das Gefühl für die eigenen Stärken und alles, was einen besonders macht, verloren. Umso mehr lohnt es, sich auf den Weg zu sich selbst zu machen.

Die Frage, die es zu ergründen gilt, ist tiefgreifend: Wer bin ich? Die Antwort hilft mir, mir meiner selbst bewusst zu werden. Je mehr ich mich für mich selbst interessiere, desto mehr wertschätze ich mich auch. Und wenn ich herausfinde, was mir guttut, achte ich auch entsprechend mehr auf mich. Selbstbewusstsein, Selbstachtung und Selbstwert hängen eng miteinander zusammen. Ich spreche hier auch von der Stärkung der inneren Strukturen. Nachdem ich in meiner Praxis festgestellt habe, dass viele Klienten sich damit schwertun, sich selbst zu finden und ihre ureigenen Bedürfnisse auszuloten, habe ich eine Technik für sie entwickelt, die ihnen dabei hilft. Sie können Sie auch außerhalb von meinen Sitzungen anwenden und Ihren Selbstfindungsprozess im Alltag weiterführen.

Die Blasentechnik:
Erkennen, was uns ausmacht

Um meinen Klienten zu einem besseren Selbstgefühl und dadurch mehr innerer Stärke zu verhelfen, habe ich die Blasentechnik entwickelt, die dafür sorgt, dass jeder sich selbst und andere besser wahrnehmen kann, und erkennt, wer er ist. Ziel der Übungen ist es, das Innere in Einklang zu bringen und zu erfahren, wie man in jeder Situation bei sich bleibt. Und eines sei noch vorausgeschickt: Man muss keine ausgewachsene Psychose haben, um davon zu profitieren.

Zunächst einmal müssen wir uns dabei Folgendes bewusst machen: Jeder Einzelne von uns ist mehr, als sein Spiegelbild zeigt. Die vielen Bestandteile unserer Persönlichkeit, unser Charakter, unsere Gene, unsere Erfahrungen, unsere Wünsche, die verschiedenen Rollen, die wir im Leben einnehmen, strahlen über unseren Körper hinaus, sie sind wie eine „Aura", die uns umgibt.

Jeder Mensch wird von seiner eigenen Blase umgeben.

Jeder von uns ist so viel mehr, als in die körperliche Hülle reinpasst. Der Charakter, die Gene, die Erfahrungen, die Wünsche und noch unendlich viel mehr ist, was uns ausmacht. Stellen Sie sich doch einmal Ihre Blase mit Ihren wichtigsten Eigenschaften vor.

GEHEN SIE AM BESTEN GANZ DIFFERENZIERT VOR:

- Leidenschaften: Begeisterung, Eifersucht, Enthusiasmus, Hass, Liebe, Erotik, Zorn
- Emotionen: Angst, Freude, Liebe, Melancholie, Trauer, Vertrauen
- Stimmungen: Fröhlichkeit, negative Stimmung wie frostig oder gedrückt
- Empfindungen: Ekel, Depression, Scham, Schmerz, Sexualität, Wohligkeit
- Sinnliche Wahrnehmung: Tasten, Riechen, Schmecken, Hören, Sehen
- Wünsche: Bedürfnisse, Interessen, Lust, Neigungen
- Erkennende Gefühle: Emotionale Intelligenz, Intuition, Kreativität, Phantasie
- Gefühls(un)tugenden: Geiz, Gewissen, Mitleid

Um sie darzustellen, wähle ich das Bild einer Seifenblase, die uns umgibt. Stellen Sie sich vor, Sie und jeder Einzelne von uns hat eine Art Seifenblase um sich herum. Ganz dünn, schön beweglich und bunt schillernd. Und in dieser Blase ist alles, was uns ausmacht: unser Charakter, unsere Gene, unsere Erfahrungen, unsere Wünsche und noch unendlich vieles mehr. Unsere ganz eigene kleine Welt. Betrachten Sie jetzt mal ganz intensiv Ihre eigene Blase, schauen Sie sich darin um. Was macht Sie aus? Was ist alles Teil von Ihnen?

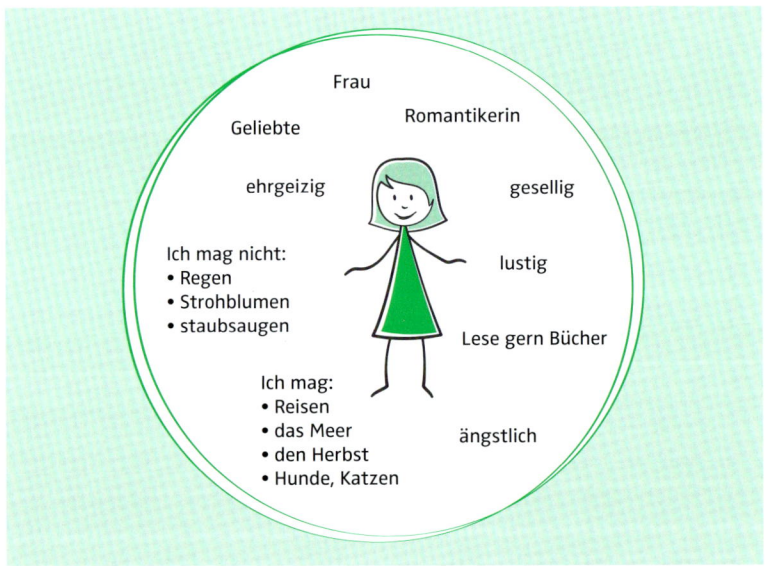

So könnte Ihre Blase z. B. aussehen – oder auch ganz anders. Das hängt davon ab, was für Gefühle Sie haben, welche Rollen im Leben Sie einnehmen. Denken Sie in Ruhe darüber nach und ergänzen Sie mit der Zeit alles, was Ihnen wichtig ist.

Die Visualisierung hilft, sich komplizierte Zusammenhänge zu verinnerlichen und anschaulich zu machen. Nehmen Sie ein Blatt, zeichnen Sie sich und Ihre Blase und schreiben Sie in die Blase, was Sie ausmacht, was Ihnen zu Ihrem Charakter einfällt, was Ihre Wünsche und Ziele sind.

Treffe ich mit anderen Menschen zusammen, sollte ich versuchen, auch sie in ihrer ganz eigenen Blase wahrzunehmen. Dann erkenne ich, dass diese Menschen ebenso wie ich etwas in die Wiege gelegt bekommen haben oder auf andere Weise geprägt wurden und aus diesem Grund die Welt aus einer ganz anderen Warte aus sehen, als ich das tue. Denn jeder betrachtet und beurteilt Menschen und Situationen auf dem Hintergrund seiner Erfahrungen, aus dem heraus, was er gelernt hat im Leben. Der eine findet rote Fahrräder toll, weil bei ihm Rot ein gutes Gefühl hervorruft. Rot ist bei ihm in Gehirn positiv abgespeichert, anderen wiederum ist die Farbe eher ein rotes Tuch. Der Mensch neigt aber dazu, eigene Gefühle auf andere zu projizieren, doch dazu mehr im vierten Teil ab S. 196.

Betrachten Sie die Menschen in Ihrer Umgebung.

Stellen Sie sich alle, die Ihnen begegnen, in ihrer Blase vor.

Jeder lebt in seiner ganz eigenen Welt und nimmt sie durch seine Blase ganz anders wahr als andere – abhängig von seinen Erfahrungen, seinem Charakter, seinem Temperament und seiner Persönlichkeit.

Zeichnen Sie jetzt neben Ihrer Blase mehrere Personen aus Ihrem Umfeld auf, z. B. aus der Familie, dem Kollegen- oder Freundeskreis, und lassen Sie die Zeichnung auf sich wirken. Vielleicht spüren Sie schon bald einen gewissen Abstand, vielleicht aber auch eine gewisse Neugier. Die neue Sichtweise auf Ihr Umfeld kann verschiedene Gefühle auslösen.

Mit dieser Methode lernen Sie sich und andere besser zu verstehen. Auf diese Weise entsteht ein gesunder Abstand zum Gegenüber. Begegne ich im Alltag einem schlecht gelaunten Menschen, nehme ich seine miese Laune nicht mehr so persönlich. Ist beispielsweise die Kellnerin im Café unfreundlich zu mir, werde ich vielleicht sogar neugierig und versuche herauszufinden, warum sie so reagiert, wie sie es gerade tut. Oder sie tut mir einfach nur leid, weil ich sehe, dass bei ihr etwas im Argen sein muss. Damit nehme ich mich und den anderen in aller Vielschichtigkeit wahr.

So entsteht ein harmonisches Hin und Her. Stellen Sie sich vor, der Kontakt verbindet unsere Blase mit dem Außen. Visualisiert man diesen Vorgang, sieht es aus wie ein Unendlichkeitszeichen:

Wenn Sie in Kontakt mit anderen gehen, dann verbinden Sie sich mit der Person und ihrer Blase. Sie nehmen ihre Gesten wahr, Sie fragen vielleicht, wie es ihr geht. Sie erzählen ihr, wie es Ihnen geht.

Jetzt weiten wir Ihre Vorstellung noch aus. Stellen Sie sich in Ihrer Blase vor und die Menschen im Außen im Allgemeinen. Das kann eine Gruppe sein oder sogar auf die Gesamtheit der Gesellschaft erweitert werden.

Wenn Sie die Blasen verbinden, dann entsteht ein Unendlichkeitszeichen. Visualisieren Sie, wie Sie mit dem Außen in Verbindung sind. Dieses Unendlichkeitszeichen soll das Hin und Her symbolisieren: Ich nehme das Außen wahr und ich nehme mich wahr. Ich gehe mit dem Außen in Kontakt und ich teile mich mit.

Ein harmonischen Hin und Her – ein Nach-außen-Schauen, Fragen, Wahrnehmen und Nach-innen-Fühlen. Ich spreche über meine Gefühle und Wünsche und hinterfrage interessiert die Gefühle des anderen. Ich bilde keine Hypothesen darüber, was der andere denken könnte, sondern frage ihn offen danach. So signalisiere ich dem anderen mein aufrichtiges Interesse. Er fühlt sich gesehen.

In der Realität sieht es oft ganz anders aus. Viele Menschen neigen dazu, die Wünsche und Erwartungen im Außen ernster zu nehmen als die eigenen Gefühle im Inneren, sie nehmen sich zurück, was zu einem inneren Konflikt führt. Genauso gut kann es sein, dass das Außen etwas auf mich projiziert, was gar nichts mit mir zu tun hat, wie etwa die schlechte Laune der Kellnerin. Um sich seine eigene

Welt nach seinen Vorstellungen und Bedürfnissen zu gestalten, ist es wichtig, sich abgrenzen zu können. Und gerade diese Abgrenzung ist es, die uns in Einklang mit anderen bringt. Wenn wir es mit einem Gegenüber zu tun haben, das schlecht gelaunt ist, neigen wir dazu, die Ursache für die schlechte Laune bei uns zu suchen. In dem Moment, wo wir uns abgrenzen, können wir ganz anders auf den anderen zugehen und herausfinden, warum er so reagiert. In den allermeisten Fällen werden wir feststellen, dass wir nicht der Grund für seine Verstimmung sind. Dieses für ein gelingendes Leben so wichtige Thema wird im vierten Teil noch weiter vertieft.

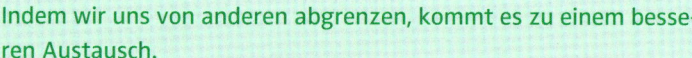

Indem wir uns von anderen abgrenzen, kommt es zu einem besseren Austausch.

Wie schaffe ich es, in meiner Blase zu bleiben?

Sich selbst mit all seinen Facetten wahrzunehmen ist zunächst einmal gar nicht so einfach. Um sich selbst in seiner Blase gedanklich einzurichten, hilft es sehr, verschiedene Übungen zu machen. Von denen kann man übrigens auch in vielen anderen Situationen profitieren. Darum kommt jetzt ein kleines Trainingsprogramm, das Ihnen dabei hilft, allen Aspekten Ihrer Persönlichkeit nachzuspüren. Stellen Sie sich während der Übungen ruhig immer wieder die Blase um Sie herum vor.

Zunächst stelle ich Ihnen die Übungen im Einzelnen vor. Sie können Sie nach Lust und Laune ausführen oder nach einem Plan, den ich für Sie zusammengestellt habe und den Sie am Ende des Übungsteils ab S. 83 finden.

Atem schöpfen

Es vergeht kein Augenblick in unserem Leben, in dem wir es nicht tun: atmen. Doch viel zu selten tun wir es wirklich bewusst. Dabei kann der Atem für uns zu einer wahren Kraftquelle werden. Richtiges Atmen erdet uns auch in den stressigsten Situationen tief in uns selbst. Die wenigsten Menschen wissen, dass Meditation nichts anderes ist, als sich auf seinen Atem zu konzentrieren. Alles, was man tun muss, ist, sich den Vorgang des Atmens bewusst zu machen. Und das funktioniert an jedem Ort in jeder Situation: im beruflichen Stress, in einer privaten Auseinandersetzung – ein paar tiefe Atemzüge reichen, um sich selbst wiederzufinden. Denn tiefes Atmen ist Balsam für die Seele und auch für unseren Körper. Mit dem Atem führen wir uns neue Energie zu. Wenn Sie ein paarmal intensiv durchgeschnauft haben, wird die Atmung von selbst tiefer und ruhiger.

Das Atmen versorgt uns mit Sauerstoff und entsorgt gleichzeitig das Kohlendioxid aus unserem Körper. Ohne diesen Vorgang ist kein bewusstes Handeln möglich. Je besser wir atmen, desto leistungsfähiger sind wir. Tiefes Atmen sorgt für einen stabileren Herzrhythmus, Durchblutung und Blutdruck werden verbessert. Vor allem beruhigt es unsere Nerven, und typische Stresssymptome wie Herzrasen, kalte Hände oder Füße verschwinden. Auch gegen ständige Müdigkeit hilft eine tiefe Atmung.

Noch wichtiger ist aber, was die intensive Atmung für die Seele tut. Dinge, die uns gerade bedrücken, lassen sich buchstäblich wegatmen. Wenn uns negative Gedanken heimsuchen, können wir sie damit wieder verscheuchen. Mit dem Luftstrom können wir uns jederzeit wieder im Hier und Jetzt verankern und uns genügend Raum in unserer Blase verschaffen. Und je besser wir atmen, desto mehr wird unser Gehirn mit Sauerstoff versorgt, wir können klarer denken, sind wacher und nehmen uns und die anderen besser wahr.

Tun Sie sich und Ihrem Körper etwas Gutes – atmen Sie öfter tief und bewusst durch!

Das Beste an den Atemübungen: Wir können sie zu jeder Zeit an jedem Ort durchführen, wir brauchen dazu noch nicht einmal die Tätigkeit, die wir gerade ausüben, zu unterbrechen. Im Gegenteil, wenn wir in einer anstrengenden oder nervenaufreibenden Situation kontrolliert atmen, dann ist das, als ob wir den Turbo einschalten. Wir sind sofort präsenter und viel schneller Herr der Lage, ganz egal, was wir gerade tun. Wenn auf der Arbeit oder privat die Dinge außer Kontrolle zu geraten drohen, sollten wir uns für einen Moment auf unsere Atmung konzentrieren, und schon können wir uns der Situation viel entspannter stellen. Denn je besser wir atmen, desto präsenter und souveräner sind wir.

Die richtige Atmung hilft uns aber auch in Situationen, in denen wir Dinge aufnehmen wollen. Das gilt besonders auch fürs Lernen. Wer in einer Vorlesung oder bei der Lektüre eines komplizierten Textes die Übersicht zu verlieren droht, ist nach ein paar tiefen Atemzügen wieder voll auf Ballhöhe.

Die richtige Atemtechnik Alles, was Sie tun müssen, ist, sich auf Ihren Atem zu konzentrieren. Atmen Sie ganz entspannt ein, verfolgen Sie, wie der frische Sauerstoff durch Ihren Körper fließt, bis in den Bauch hinein. Dann entlassen Sie ihn wieder, damit das Kohlendioxid ausgestoßen werden kann. Am besten üben Sie das zunächst alleine und im Sitzen. Achten Sie nur auf Ihren Atem, lassen Sie sich von nichts ablenken. Es geht nur um Ihren Atem und sonst nichts. Und werden Sie doch abgelenkt, kehren Sie immer wieder zu Ihrem Atem zurück. Verändern Sie nicht die Frequenz oder Intensität, versuchen Sie, immer mit der gleichen Kraft ein- und auszuatmen. Ein paar Minuten reichen dabei völlig. Wenn man diese Übung über mehrere Tage wiederholt, stellen die meisten schon bald deutliche Verbesserungen an sich fest. Die Konzentrationsfähigkeit steigt, genau wie die Belastbarkeit unter Stress.

Einfach nur atmen

Nehmen Sie Platz, wo immer Sie möchten. Wichtig ist, dass Sie sich nicht anlehnen, sondern eine aufrechte Haltung einnehmen. Ihr Zustand soll gleichzeitig entspannt und präsent sein. Ob Sie Ihre Augen geöffnet lassen oder schließen, bleibt Ihnen überlassen. Wobei ich zumindest am Anfang empfehle, die Augen geschlossen zu halten, um sich noch besser auf das Innere konzentrieren zu können.

Schärfen Sie Ihre Sinne für Ihren Körper: Konzentrieren Sie sich auf jedes einzelne Körperteil, die Beine, die Arme, den Oberkörper, den Kopf. Dann sollten die Gedanken auf die Atmung übergehen: Verfolgen Sie, wie die Luft von Ihrer Nase angesogen wird, wie sie durch den Kopf in den Rachen, in die Lungen und schließlich in Ihren Bauch gelangt. Spüren Sie, wie sich der Brustkorb und der Bauch heben. Dabei versuchen Sie nicht, Einfluss auf die Atmung zu nehmen, es geht bei der Übung einzig und allein um die Wahrnehmung. Und das ist schwierig genug, denn nach kurzer Zeit werden Sie feststellen, wie Ihre Gedanken abschweifen. Vielleicht hat ein Geräusch Sie abgelenkt, vielleicht ist plötzlich eine Erinnerung aufgetaucht, die Ihre Aufmerksamkeit auf sich zieht. Registrieren Sie kurz, was Sie abgelenkt hat, und kehren Sie gleich wieder zu Ihrer Atmung zurück.

Für den Anfang reichen fünf Minuten. Sollten Sie zwischendurch öfter abgelenkt gewesen sein, dehnen Sie die Zeit auf zehn Minuten aus.

Konzentrieren Sie sich auf das Wesentliche: auf sich selbst!

Achtsam wahrnehmen

In unserer digitalisierten Welt haben wir mit einer permanenten Reizüberflutung zu kämpfen. Zahllose Informationen prasseln aus allen Richtungen auf uns ein, privat wie beruflich. Viele von uns arbeiten heute in Großraumsituationen, und während die Kollegen miteinander reden oder telefonieren, ist es nicht leicht, sich auf die eigenen Aufgaben zu konzentrieren. Am Steuer unseres Fahrzeugs ziehen ebenfalls zahllose Eindrücke ihre Aufmerksamkeit auf sich. Darum ist es wichtig, seinen Blick für die Dinge zu schärfen, die wirklich wichtig für uns sind. Den Schlüssel dafür liefern die Übungen in diesem Abschnitt. Sie werden Sie dabei unterstützen, Ihre Beobachtungsgabe zu schärfen, um den Fokus auf das richten zu können, worauf es ankommt. Im Zentrum steht dabei immer Ihre eigene Blase.

Fokussieren Sie immer auf das, was wichtig ist.

Das menschliche Gehirn zählt zweifellos zu den größten Wundern der Natur. Es ist mit sage und schreibe 100 Milliarden Nervenzellen ausgestattet. Wissenschaftler haben ausgerechnet, dass es eine Speicherkapazität von 2,5 Millionen Gigabyte hat, mehr als genug Platz, um auch die umfassendste Bibliothek zu speichern. Auch wenn unser Gehirn mit durchschnittlich 1,3 Kilo nur einen geringen Teil unseres Körpergewichts ausmacht, verbraucht es doch bis zu 20 Prozent unseres Gesamtbedarfs an Energie. Es unterteilt sich in zwei Hälften, die man auch Hemisphären nennt.

In der linken Hemisphäre sind das logische und das abstrakte Denken zu Hause. Hier werden Begriffe gebildet und finden sich die Buchstaben und Zahlen, hier bringen wir die Ereignisse in eine zeitliche Abfolge und speichern Einzelheiten und Fakten. Die linke Hälfte unseres Gehirns steuert Hören, Sprechen, Schreiben und Lesen. Sie ist verantwortlich dafür, dass wir Regeln und Anweisungen befolgen.

In der rechten Hemisphäre unseres Gehirns sind das gefühlsmäßige und das konkrete Denken beheimatet. Hier geht es um das Anfassen und Begreifen. Die rechte Gehirnhälfte ist für das räumliche Denken, die Wahrnehmung von Sinneseindrücken verantwortlich, dem Hören von Musik, Geräuschen, dem Erkennen von Farben und Gerüchen. Sie ist der Sitz unserer Intuition und Kreativität.

Bei den meisten Menschen dominiert die linke Gehirnhälfte. Um das Ich zu festigen, ist es entscheidend, dass wir gezielt die rechte Gehirnhälfte stärken. So verlieren wir uns nicht mehr in zahllose Einzelheiten, sondern fokussieren auf unsere ureigenen Bedürfnisse. Der linken Gehirnhälfte entspringen übrigens auch immer die endlosen inneren Monologe, sie lässt unsere Gedanken wieder und wieder um die gleichen Themen kreisen, während eine starke rechte Hirnhälfte wieder das Große und Ganze in den Blick rückt. Die rechte Hemisphäre unseres Gehirns ist das Tor zu uns selbst.

Viele von uns behandeln ihren Körper sehr stiefmütterlich. Sie werden sich seiner erst in dem Moment bewusst, wenn etwas nicht stimmt, wenn man krank ist oder sich verletzt hat. Die meiste Zeit ignorieren sie ihn und damit sich selbst. Diese Übung hilft, sich regelmäßig in seiner Gesamtheit wahrzunehmen.

Das Ich ganzheitlich wahrnehmen

Setzen Sie sich aufrecht hin, ohne sich anzulehnen. Am besten auf einen Stuhl oder Hocker, auf dem Sie gut gerade sitzen können. Sofas und Sessel sind weniger geeignet. Stellen Sie die Füße fest auf den Boden, am besten hüftbreit auseinander. Die Hände können Sie auf den Schoß legen oder auf die Oberschenkel, wie es für Sie am bequemsten ist. Die Schultern sollten dabei locker und entspannt sein. Die Übung baut auf die vorangegangene Atemübung auf.

Schließen Sie wieder die Augen und lassen Sie Ihrer Atmung freien Lauf. Versuchen Sie dabei nicht, Ihren Atem zu regulieren oder zu kontrollieren. Spüren Sie einfach nur dem Luftzug nach, der durch Ihren Körper fließt. Konzentrieren Sie sich auf den Luftstrom als Ganzes, also nicht nur auf die Nase oder den Brustkorb, sondern verfolgen Sie immer den kompletten Atemvorgang. Wenn Sie von etwas abgelenkt werden oder in Gedanken abschweifen, lenken Sie Ihre Aufmerksamkeit gleich wieder auf Ihren Atem.

Wenn Sie Ihren Atem ein paar Minuten verfolgt haben, versuchen Sie Ihr Bewusstsein auf Ihren gesamten Körper zu richten. Nehmen Sie sich von den Zehenspitzen bis zur Stirn wahr, und zwar in Ihrer Gesamtheit. Spüren Sie sich als Einheit. Konzentrieren Sie sich auf

Ihren Körper und den Atem, der ihn durchströmt. Ihr Denken wird zwischendurch immer eine neue Richtung annehmen wollen, weil ein Geräusch Sie ablenkt oder Ihnen plötzlich etwas in Erinnerung kommt. Verscheuchen Sie alle Gedanken und lassen Sie nur das Bewusstsein für Ihren Körper und Ihre Atmung zu.

Während der Übung werden Sie womöglich auch unangenehme Empfindungen haben, Sie bemerken beispielsweise vielleicht eine Verspannung oder einen Schmerz. Kontrollieren Sie Ihre Sitzposition, ob Sie wirklich bequem sitzen, dann richten Sie Ihre Aufmerksamkeit wieder auf Ihren gesamten Körper und Ihre Atmung.

Speichern Sie diese Empfindung Ihres Körpers ab und versuchen Sie immer wieder, wenn sich im Alltag die Gelegenheit ergibt, Ihren Körper genauso zu spüren. Am Ende der Bewegung öffnen Sie die Augen und räkeln Sie sich ein wenig, dann richten Sie Ihren Blick wieder auf Ihre Umgebung und stehen ganz allmählich auf.

Lernen Sie sich regelmäßig in Ihrer Gesamtheit zu spüren Unser Körper ist von Natur aus mit einem sehr effizienten Sensorium ausgestattet, das uns Warnhinweise gibt, wenn etwas nicht stimmt. Doch leider verlernen wir im Laufe unseres Lebens immer mehr, auf die Signale zu hören, die unser Körper uns sendet. Ganz besonders erleben das Menschen, die einen stressigen Job haben.

Einmal kam ein Mann, Mitte 40, zu mir und erzählte, dass ihn von heute auf morgen das Burn-out-Syndrom umgehauen hätte. Als wir dann über die Zeit vor dem Burn-out sprachen, stellte sich heraus, dass die Alarmsirenen schon mehrere Jahre geschrillt hatten und eigentlich unüberhörbar waren. Er berichtete von einer ganzen Welle rätselhafter Entzündungen, die ihn heimgesucht hatten, von schlaflosen Nächten und wiederkehrenden Schwindelgefühlen.

Jedes Mal, wenn er auf eine Beschwerde zu sprechen kam, setzte er gleich hinzu: „Das war nichts Wildes, bloß so ein kleines Zipperlein."

Dabei sind genau das wichtige Warnhinweise darauf, dass unser ganzes System vor einer ernstzunehmenden Überlastung steht, dass wir dabei sind, seelisch und körperlich vollkommen aus dem Gleichgewicht zu geraten. Leider sind es die meisten von uns gewohnt, solche Anzeichen zu verdrängen. Gerade meine älteren Klienten haben in ihrer Kindheit immer wieder gehört: „Stell dich nicht so an, das ist doch nur eine Lappalie, morgen ist es wieder gut." Sogenannte Helikopter-Eltern reagieren heute natürlich anders, und wie sich derartige Erziehungsmethoden auf die Psyche der Kinder auswirken, wird man erst in ein paar Jahren sehen können. Doch die Generationen davor sind alle nach dem Motto erzogen worden: „Ein Indianer kennt keinen Schmerz." Für unser körperliches Wohlbefinden und unser Seelenheil ist es aber von größter Wichtigkeit, dass wir wieder feine Antennen für die Signale entwickeln, die unser Körper uns übermittelt.

Gerade unter extremem Stress wird unsere Aufmerksamkeit nachhaltig abgelenkt. In unserem Kopf dreht sich dann alles um den Stress im Job oder die Krise in der Beziehung. Wenn wir uns am dringendsten brauchen, ist die Gefahr am größten, dass wir uns selbst verlieren. Darum ist die folgende Übung so überaus wichtig, um im ständigen Kontakt mit den eigenen Ich zu bleiben.

Hören Sie auf Ihre inneren Signale Natürlich gibt es auch das diametral umgekehrte Phänomen: Menschen, die ständig in sich hineinhorchen. Ich hatte eine Klientin, die geradezu jede Körperreaktion unter die Lupe nahm und von dem Gedanken besessen war, sie hätte

Krebs, auch wenn bei der Vorsorgeuntersuchung nichts festgestellt worden war. Das Internet macht uns das Leben in vielen Bereichen leichter, aber wenn man bei Google nach möglichen Ursachen für noch so banale Symptome sucht, wird man schnell beunruhigende Ferndiagnosen finden. Im allerschlimmsten Fall kann so etwas zu einer selbsterfüllenden Prophezeiung führen, denn wenn man bei jedem Herzklopfen einen drohenden Infarkt fürchtet, setzt man seinen Körper und seine Psyche unter größten Stress.

Es gilt, wie in vielen anderen Bereichen des Lebens auch, einen gesunden Mittelweg zu finden. Dazu dient uns eine klassische Achtsamkeitsübung. Auch hier steht die Atmung wieder im Mittelpunkt. Wer achtsam atmet, beruhigt seine Atmung ganz automatisch, ohne bewusst langsamer zu atmen. Dadurch kommen Körper und Seele in eine perfekte Balance. Sie hilft uns, tatsächliche Beschwerden zu entdecken und nur scheinbare Beschwerden abzuschalten. Bei der Körperwanderung geht es darum, wieder ein verlässliches Gefühl für sich zu bekommen und den Körper Stück für Stück zu erspüren.

Die Körperwanderung

Diese Übung führt man am besten im Liegen durch. In dieser Position können Sie sich optimal auf Ihren Körper konzentrieren. Wenn Sie die Übung erst einmal beherrschen, können Sie sie später auch im Sitzen machen. Doch zunächst einmal legen Sie sich lang, am besten auf einem Teppich oder einer Yogamatte. Betten Sie Ihren Kopf auf ein Kissen und legen Sie sich etwas unter die Kniekehlen, z. B. eine Rolle oder eine zusammengefaltete Decke. Falls es auf dem Boden zu unbequem ist, können Sie sich auch auf Bett oder Sofa legen. Sollte es zu kalt sein, dürfen Sie sich bei der Übung natürlich auch zudecken. Die Arme legen Sie am besten locker neben sich, die Handflächen zeigen zur Zimmerdecke. Die Füße lassen Sie bequem nach außen fallen. Dann schließen Sie die Augen.

Jetzt fühlen Sie Ihren Körper in seiner Gesamtheit. Spüren Sie, wo er mit dem Boden in Kontakt ist, und lassen Sie sich noch tiefer in den Boden sinken. Bleiben Sie für einige Atemzüge bei Ihrem Körper und fühlen Sie, wie sich bei jedem Einatmen Ihr Brustkorb hebt und Ihr Bauch dehnt. Das Ziel Ihrer Körperwanderung ist es, Ihren ganzen Körper zu erspüren. Registrieren Sie die Empfindungen, die Sie dabei haben, aber bewerten Sie sie nicht.

Lenken Sie Ihre Aufmerksamkeit auf die Füße. Beginnen Sie bei den Zehen: Wie fühlen sie sich an? Wandern Sie weiter zu Ihren Fußsohlen und der Ferse. Dann kommt der Fußrücken dran. Was erspüren Sie? Kälte? Wärme? Ein Kribbeln? Fühlen sich Ihre Füße leicht oder schwer an? Wie immer Ihre Gefühle sein mögen, nehmen Sie sie zur Kenntnis, ohne etwas daraus ableiten zu wollen. Begegnen Sie Ihrem Körper dabei immer wohlwollend. Auch wenn Ihr Körper keine Signale aussenden sollte: kein Grund zur Beunruhigung, alles ist gut! Wenn Sie Ihre Füße erkundet haben, wandern Sie langsam die Unterschenkel hinauf. Spüren Sie Ihre Knöchel und Ihre Waden, sind sie locker oder fest? Anschließend sind die Knie dran und als Nächstes die Oberschenkel.

Sollten zwischendurch Ihre Gedanken abschweifen, beginnen Sie erneut an dem Körperteil, das sie zuletzt bewusst wahrgenommen haben. Und denken Sie dran, es geht nicht darum, irgendetwas zu diagnostizieren. Es geht nur darum, Ihren Körper wertfrei wahrzunehmen. Viele tendieren dazu, im Laufe der Wanderung schneller zu werden. Für die Füße nehmen sie sich noch viel Zeit, während sie in den oberen Regionen immer schneller werden. Jeder Teil Ihres Körpers verdient die gleiche Aufmerksamkeit, also lassen Sie sich ausreichend

Zeit. Nichts ist so wichtig wie Ihr Körper, alles andere kann einen Moment warten.

Inzwischen sind Sie bei Ihrem Unterleib angelangt. Spüren Sie das Becken, die Hüften, die Lendenwirbelsäule. Dann geht es am Bauch weiter. Begegnen Sie jedem Ihrer Körperteile mit Sympathie. Wenn der Bauch spannt, kein Grund zur Sorge, das ist in Ordnung, Sie sind in Ordnung. Dann geht es über die Brustwirbelsäule hinauf zu den Schlüsselbeinen und schließlich zum Hals. Fühlen Sie den Nacken, die Kehle, das Gesicht, nehmen Sie Ihren Kopf als Ganzes wahr. Zuletzt wandern Sie über die Schultern die Arme hinunter zu den Händen.

Wenn Sie am Ende Ihrer Wanderung angekommen sind, versuchen Sie Ihren Körper noch einmal in seiner Gesamtheit zu erspüren. Sind Sie fertig, dann räkeln Sie sich wie nach einem erquickenden Schlaf, bewegen Sie Ihre Glieder und stehen Sie langsam und entspannt auf.

Unser wertvollster Besitz ist unser Körper – schenken Sie ihm die gebührende Aufmerksamkeit.

Mit allen Sinnen entspannen

Um uns noch besser wahrzunehmen, müssen wir unsere Sinne einsetzen. Unser Gehör ist der Sinn, der als einziger ständig aktiv ist. Wenn wir in der Nacht von einem Geräusch geweckt werden, spätestens aber, wenn wir am Morgen vom Wecker aus dem Schlaf gerissen werden, stellen wir fest, dass unsere Ohren immer auf Empfang gestellt sind. In früheren Zeiten hätten wir ohne einen allzeit aktiven Hörsinn nicht überleben können. Unser feines Gehör warnte uns vor wilden Tieren, die sich anschlichen, und vor Feinden, die im Schutze der Nacht angriffen.

Nicht nur durch den permanenten Einsatz, sondern auch durch den immer lauter werdenden Geräuschteppich unserer modernen Welt ist das Ohr aber auch eines unserer gestressten Sinnesorgane. Momente der Stille kann man bestenfalls noch auf dem Land erleben, in der Stadt herrscht auch in der Nacht noch ein ständiger Geräuschpegel. Von den Burn-out-Klienten, die zu mir kommen, leiden fast alle unter Ohrgeräuschen. Der Tinnitus ist ein weitverbreitetes Symptom und äußerst sich dadurch, dass Menschen Geräusche hören, die eigentlich nicht vorhanden sind. In Holland benutzt man deshalb auch sehr zutreffend das Wort „Phantomgeräusch". Es äußerst sich verschieden, oft ist es ein Pfeifen, doch andere Klienten klagen auch über ein Klopfen oder Pochen. Ursache ist oft eine allgemeine Überlastung.

Stress kann aber auch noch zu einer Geräuschüberempfindlichkeit führen: Die Betroffenen können Alltagsgeräusche, an die sich ihre Mitmenschen längst gewöhnt haben, nicht mehr ertragen. Beides sind Symptome, die man keinesfalls auf die leichte Schulter nehmen sollte. Wer darunter leidet, muss unbedingt einen Arzt aufsuchen und vor allem den Ursachen auf den Grund gehen. Bleiben die Probleme unbehandelt, kann es zu einem Hörsturz kommen.

Um zu verhindern, dass wir Probleme mit dem Hörsinn bekommen, hilft uns auch die achtsame Atmung. Sie kann sogar dafür sorgen, dass unser Hörorgan wieder einwandfrei arbeitet und Störgeräusche oder Überempfindlichkeiten verschwinden. Die folgende Übung können Sie im Anschluss an die Übung „Das Ich ganzheitlich wahrnehmen" oder die „Körperwanderung" durchführen.

Achtsam hören

Mit geschlossenen Augen öffnen Sie sich der Welt der Geräusche. Lauschen Sie, was für akustische Signale aus Ihrer Umgebung kommen. Konzentrieren Sie sich voll und ganz auf das Hören. Dabei geht es nicht darum, die einzelnen Geräusche nach wohlklingenden und weniger wohlklingenden zu unterscheiden, es geht nur darum, sie zu registrieren. Alle Sinneswahrnehmungen rufen bei uns Assoziationen hervor. Eine Fahrradklingel erinnert uns daran, dass wir noch unser Rad aufpumpen wollten, ein Rollkoffer, der über den Bürgersteig gezogen wird, lässt uns an unsere nächste Reise denken.

Werden Sie abgelenkt, kehren Sie gleich wieder zurück und tauchen Sie in die Welt des reinen Hörens ein. Registrieren Sie die verschiedenen Geräusche, Klänge und Töne, aber werten Sie nicht. Versuchen Sie für ein paar Minuten einfach nur ganz Ohr zu sein.

Das Bewusstsein kanalisieren In unserem Kopf fahren die Gedanken Achterbahn, Erinnerungen schießen plötzlich an die Oberfläche, ein Thema aus den Nachrichten nimmt von uns Besitz, eine Bemerkung unseres Partners löst Befürchtungen aus, eine Ankündigung auf der Arbeit lässt unser Gehirn auf Hochtouren laufen. Die Gedanken sind ständig im Fluss und sorgen dafür, dass wir Stress empfinden und Stress bekommen, weil unsere Gedanken uns von anderen Dingen ablenken. Meditation ist das beste Mittel, um das Gedankenkarussell anzuhalten und sich zu entspannen. Ein großer Teil unserer täglichen Sorgen ist es gar nicht wert, dass wir sie akribisch von allen Seiten beleuchten und bewerten. Und selbst wenn wir ein wirkliches Problem haben, ist uns auch nicht damit geholfen, wenn es uns rund um die Uhr beschäftigt und bis in den Schlaf, der sich wegen der kreisenden Gedanken nicht einstellen will, verfolgt.

Apfel mit allen Sinnen

Wählen Sie einen ganz alltäglichen Gegenstand. Das kann z. B. ein Apfel sein. Betrachten Sie ihn jetzt mit all Ihren Sinnen: Wie riecht er, wie fühlt er sich an? Konzentrieren Sie sich nur auf den Apfel. Was fällt Ihnen zu Äpfeln ein? Sie können ruhig zurück bis zu Adam und Eva gehen. Wichtig ist nur, dass Ihre Gedanken um den Apfel kreisen. Vielleicht ist ein Apfel auf Ihrem Smartphone, vielleicht fällt Ihnen Newton ein. Versuchen Sie fünf Minuten lang, nur über den Apfel nachzudenken. Stellen Sie sich vor, wie aus einem Kern ein neuer Apfelbaum entsteht. Wenn Sie die Beatles mögen, wissen Sie vielleicht, dass auf dem Label der alten Vinyl-Platten ein Apfel abgebildet war. Aber schweifen Sie nie vom Thema Apfel ab!

Wenn Sie an Musik denken, wird Ihnen sicher auch ein Song einfallen, in dem ein Apfel eine Rolle spielt. Denken Sie darüber nach, was man aus Äpfeln alles machen kann. Erinnern Sie sich, welche Rolle Äpfel in Ihrem Leben schon gespielt haben. Hat Ihnen Ihre Mutter einen Apfel für die Schule mitgegeben? Mochten Sie die Paradiesäpfel auf dem Jahrmarkt? Bei all den Gedanken und Erinnerungen, die Ihnen durch den Kopf gehen, bleiben Sie immer bei Äpfeln.

Natürlich können Sie auch einen beliebigen anderen Gegenstand wählen. Das kann eine Uhr sein, ein Stift, ein Kleidungsstück. Es ist aufregend festzustellen, wie viele Geschichten und Gefühle sich mit eigentlich vollkommen banalen Dingen verbinden, wenn man eine Weile konzentriert darüber nachdenkt. Und dabei feststellt, wie unendlich viele Erinnerungen und Informationen wir in unserem Gehirn abgespeichert haben. Vor allem stärkt die Übung aber unsere Konzentrationsfähigkeit, die sich genauso gezielt trainieren lässt wie beispielsweise unsere Ausdauer beim Sport.

Konzentrieren Sie sich auf das Wesentliche.

Die folgende Übung soll Sie dazu einladen, den jetzigen Moment willkommen zu heißen. Diesmal fokussieren Sie sich nicht auf eine bestimmte Sache, Sie öffnen sich für alles, was kommt, für äußere Einflüsse genauso wie für spontane Eingebungen, Gedanken und Gefühle. Während wir vorher einzelne Dinge fokussiert haben, schärfen wir jetzt unser geistiges Auge für das, was um uns und mit uns geschieht.

Im Hier und Jetzt ankommen

Nehmen Sie wieder Platz auf einem Stuhl oder Hocker und setzen Sie sich in eine aufrechte Position, ohne sich anzulehnen. Bei dieser Übung sollten Sie die Augen geöffnet haben. Konzentrieren Sie sich auf nichts Spezielles, seie Sie offen für alles, was Sie wahrnehmen. Das können Geräusche sein, eine spontane Eingebung, ein Geruch, der in Ihre Nase dringt, oder etwas, das Sie in Ihrer Umgebung sehen. Verweilen Sie aber nicht zu lange bei einem Eindruck. Nehmen Sie ihn auf und beobachten Sie weiter.

Bei den vorangegangenen Übungen sollten Sie sich immer auf eine Sache konzentrieren, diesmal ist es umgekehrt: Hier geht es darum, sich dem Moment voll und ganz zu öffnen und die Welt mit einem unvoreingenommenen Blick zu betrachten. Eine wichtige Übung, um das Leben rückhaltlos genießen zu können! Am Anfang reichen bei der Übung zwei Minuten, aber je öfter Sie sie machen, desto mehr Zeit dürfen Sie sich dafür nehmen.

Öffnen Sie sich dem Augenblick.

Entspannen in der Bewegung

Leben ist Bewegung, oder, wie der griechische Philosoph Heraklit gesagt haben soll: *Panta rhei*, alles fließt. Ihm wird auch die Erkenntnis zugeschrieben, dass wir niemals zweimal in denselben Fluss steigen können.

Weil große Teile unseres Lebens in Bewegung stattfinden, folgen jetzt Übungen, die man in der Bewegung ausübt oder bei denen Bewegung eine wichtige Rolle spielt. Im Gegensatz zum Sport werden bei den folgenden Übungen nicht nur die Muskeln aktiviert, sondern auch Geist und Seele einbezogen.

Grundsätzlich ist der Körper der Spiegel unserer Seele. Wenn wir davon reden, dass ein Mensch einen geknickten Eindruck macht, sieht man ihm das meistens auch an. Eine schlechte Körperhaltung lässt oft auch auf einen schlechten Gemütszustand schließen. Womöglich kann auch eine unvorteilhafte Körperhaltung diesen schlechten Zustand auslösen. Wer aufrecht durchs Leben schreitet, hat nicht nur eine positivere Ausstrahlung, er fühlt sich auch psychisch bedeutend besser.

Schmerzen und Verspannungen, all die kleinen Zipperlein, die wir mit uns herumtragen, sind Warnsignale unseres Körpers. Wie ich in einem vorangegangenen Fall geschildert habe: Eine Erkrankung wie der Burn-out kündigt sich oft mit körperlichen Leiden an. Während wir uns in unserem Kopf noch einreden, alles ist gut, sagt uns unser Körper, dass das ein Irrtum ist. Es gibt zahlreichen Vorwarnzeichen dafür, dass wir zu sehr unter Stress stehen. Typisch sind Verspannungen von Rücken, Nacken und Kiefer. Immer häufiger habe ich mit Klienten zu tun, die Nacht für Nacht mit den Zähnen knirschen. Hervorgerufen wird das sehr oft von Stress und unbewältigten Problemen.

Die folgenden beiden Übungen sind so konzipiert, dass sie beinahe überall ausgeübt werden können, auch da, wo der Stress meistens am größten ist, auf der Arbeit. Die Übungen lösen nicht nur Verspannungen, sie helfen auch dabei, die Gefühle wieder loszuwerden, die die Verspannungen ausgelöst haben. Üben Sie zunächst zu Hause, und wenn Sie mit der Übung vertraut sind, können Sie sie auch im Büro machen oder wo immer Sie gerade Entspannung brauchen.

Körpermeditation für zwischendurch

Zunächst nehmen Sie wieder auf einem Stuhl oder Hocker Platz. Sie sitzen wieder aufrecht und entspannt, ohne sich anzulehnen. Wenn es die Situation erlaubt, ziehen Sie Ihre Schuhe aus. Schließen Sie die Augen. Dann spüren Sie Ihrem Atem nach. Verfolgen Sie seinen Weg von dem Moment, wo er durch die Nase in den Körper gelangt und verfolgen Sie ihn, wie er sich seinen Weg bis hinunter in den Bauch bahnt, um anschließend wieder zu entweichen. Nach ein paar Atemzügen konzentrieren Sie sich dann auf Ihren Körper in seiner Gesamtheit, von den Fuß- bis zu den Haarspitzen.

Anschließend recken Sie mit dem nächsten Einatmen die Arme so weit wie möglich in die Luft, verschränken Sie Ihre Hände über dem Kopf, die Handflächen zeigen nach oben. Die Füße bleiben derweil fest auf dem Boden. Lassen Sie den Atem jetzt sanft durch Ihren Körper fließen. Wenn Sie einatmen, versuchen Sie die Arme noch ein wenig mehr in die Höhe zu strecken, beim Ausatmen entspannen Sie sich in den Schulterblättern.

Achten Sie darauf, was die Übung mit Ihnen macht, wie sich die Muskeln anspannen und wieder entspannen. Wichtig ist, dass Ihr Kiefer dabei entspannt ist. Lassen Sie ganz locker, verkrampfen Sie nicht. Sollten Sie eine Verspannung im Nacken bemerken, bewegen Sie den Kopf in winzigen Bewegungen sanft kreisend hin und her, damit sie sich lösen kann.

Wenn Sie das fünfmal gemacht haben, beugen Sie den Oberkörper beim Einatmen langsam nach rechts, während Sie die linke Pobacke fest auf den Sitz drücken. Die Arme bleiben nach oben gestreckt, die Hände verschränkt. Die nächsten fünfmal ein- und ausatmen bleiben Sie in dieser Position. Beim nächsten Mal einatmen wechseln Sie die Position, diesmal strecken Sie die Hände nach links aus und verlagern das Gewicht auf die andere Pobacke. Atmen Sie wieder fünfmal ein und aus, beim sechsten Mal atmen bewegen Sie den Oberkörper wieder in seine Ausgangsposition.

Jetzt nehmen Sie die Arme langsam herunter, öffnen Sie die Handflächen, so dass sie nach vorne zeigen. Atmen Sie wieder fünfmal durch. Dann legen Sie Ihre Hände auf Ihre Oberschenkel und verlagern Sie Ihr Gewicht allmählich auf die Oberschenkel. Beim nächsten Durchatmen drücken Sie sich sanft hoch und verlassen die sitzende Position. Die Knie sollten jetzt leicht angewinkelt sein, der Po sollte etwas in die Höhe zeigen. Balancieren Sie Ihren Körper auf den Fußsohlen aus, die Hände bleiben die ganze Zeit auf den Oberschenkeln liegen.

Konzentrieren Sie sich beim Einatmen auf die Hebung des Brustbeins. Beim Ausatmen lassen Sie die Schulterblätter sinken. Auch diesen Teil wiederholen Sie fünfmal. Danach setzen Sie sich wieder hin, die Hände liegen immer noch auf den Oberschenkeln. Die Fersen nehmen Sie jetzt hoch, während Ihr Gewicht auf den Fußballen liegt. Während Sie weiter atmen, achten Sie darauf, dass Ihr Körper entspannt ist, besonders in Schultern und Nacken. Nach weiteren fünf Atemzügen stellen Sie die Fersen wieder auf dem Boden ab. Fühlen Sie noch einen Moment in sich hinein. Was empfinden Sie, welche Signale sendet Ihr Körper?

Ich rate meinen Klienten, regelmäßig zu gehen. Auch wenn der ganze Weg zur Arbeit zu weit ist, kann man ein Stück davon zu Fuß zurücklegen. Und die meisten sind nach einer kurzen Eingewöhnungsphase ganz begeistert. Morgens hilft uns das Gehen einfach, richtig wach zu werden, den Kreislauf auf Vordermann zu bringen und in Schwung zu kommen. Am Abend können wir Dinge, die uns noch von der Arbeit im Kopf herumgehen, verarbeiten, so dass wir sie los sind, wenn wir zu Hause ankommen. Menschen, die in kreativen Berufen arbeiten, erzählen mir, dass sie oft ihre besten Ideen haben, wenn sie durch die Straßen laufen.

Man kann so einen Spaziergang auch wunderbar für eine Meditation nutzen. Normalerweise ist uns das Gehen in Fleisch und Blut übergegangen, und wir verschwenden keinen Gedanken darauf, wie wir einen Fuß vor den anderen setzen. Das Gehen kommt uns höchstens dann ins Bewusstsein, wenn wir eine Blase am Fuß haben oder feststellen, dass wir schnell außer Atem sind, weil wir uns womöglich zu wenig bewegen. Doch indem wir lernen, achtsam zu gehen, profitieren wir davon ähnlich wie beim achtsamen Atmen. Die folgende Übung lässt sich hervorragend in den Alltag einbauen. Je öfter Sie diese wiederholen, desto mehr Kraft wird Sie Ihnen schenken. Und: Wenn Sie gern joggen, können Sie auch versuchen, achtsam zu laufen.

Gehmeditation

Sie können die Übung zunächst in einem geschlossenen Raum machen. Er sollte groß genug sein, dass Sie zehn ordentliche Schritte in eine Richtung machen können, dann drehen Sie um.

Bevor Sie den ersten Schritt tun, werden Sie sich für einen Moment Ihres ganzen Körpers bewusst, spüren Sie sich von den Zehen bis zu den Haarspitzen. Dann setzen Sie den ersten Fuß auf. Schauen Sie dabei nicht auf Ihre Füße, sehen Sie nach innen: Was nehmen Sie wahr? Was machen Sie bei jedem Schritt, den Sie tun? Dann achten Sie auf Ihre Atmung. Spüren Sie, wie Ihr Atem durch die Nase in den Körper strömt, und verfolgen Sie, wie er bis in Ihren Bauch fließt. Dann synchronisieren Sie Ihren Gang mit dem Atem. Versuchen Sie insgesamt zehn Minuten bewusst auf und ab zu gehen.

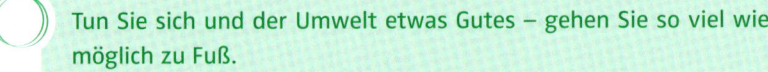

Tun Sie sich und der Umwelt etwas Gutes – gehen Sie so viel wie möglich zu Fuß.

DREI METHODEN FÜR EINE BESSERE SELBSTWAHRNEHMUNG

Die im Folgenden beschriebenen Lehren sollen hier nur kurz angerissen werden. Viele Volkshochschulen und natürlich private Anbieter haben sie in ihrem Programm. Schon weil sie Körper und Seele gleichermaßen guttun, kann ich nur jedem empfehlen, sich darin zu versuchen.

Qigong
Qigong ist eine der ältesten Meditations-, Konzentrations- und Bewegungsformen überhaupt, seine Wurzeln reichen noch länger zurück als die des Yoga. Qigong vereint verschiedenste Techniken, die alle zur

Harmonisierung und Regulierung der Abläufe im Körper dienen. Die Ursprünge leiten sich aus rituellen Tänzen, aber auch aus Bewegungen her, die man sich bei den Tieren abgeschaut hat. Dazu fließen bei Qigong auch Kampfkunstübungen ein. In China praktizierte man es wahrscheinlich schon vor 7000 Jahren, es spiegeln sich darin Einflüsse des Taoismus und des Buddhismus wider. QiGong selbst hat großen Einfluss auf die chinesische Medizin. Es gibt eine endlose Vielzahl von Übungen, in denen sich jedoch immer die gleichen sieben Merkmale finden sollten: Entspannung, Ruhe, Natürlichkeit, Bewegung, Atmung, mentale Vorstellung und der richtige Ton.

Tai Chi
Ursprünglich handelt es sich hierbei um eine Nahkampftechnik, doch wird sie heute fast ausschließlich als eine Form der Gymnastik praktiziert. Sie kann der Persönlichkeitsentwicklung sehr förderlich sein und wird darüber hinaus als Meditation verstanden. Es gibt auf der ganzen Welt zahllose Schulen, die eigene Stile entwickelt haben. Charakteristisch ist aber bei nahezu allen eine Kombination aus Einzelbewegungen, Standfestigkeitsübungen, Atemübungen und Standmeditation. Die Übungen lockern und entspannen den Körper und verbessern die Haltung, auch hier spielt die Atmung eine wichtige Rolle.

Yoga
Die Ursprünge des Yoga kommen aus Indien, sie sind mit dem Hinduismus und dem Buddhismus verbunden. Heute erlebt diese jahrtausendealte Kunst gerade in unserer westlichen Welt einen regelrechten Boom. In unserer stressbeladenen Zeit helfen die zahllosen Übungen, Körper, Geist und Seele miteinander in Einklang zu bringen. Es gibt so viele Spielarten und Strömungen, dass sie zu beschreiben den Rahmen dieses Buches sprengen würde. Ich habe in meiner Praxis bereits zwei Klientinnen gehabt, die aus ihrer Begeisterung einen Beruf machten und ihre alte Karriere aufgaben, um als Yogalehrerinnen andere von ihren positiven Erfahrungen mit Yoga profitieren zu lassen.

Einen Moment innehalten

Selbst die stressigsten und aufreibendsten Tage lassen uns Zeit für eine kleine Übung, die nur wenige Momente dauert und uns sehr zugute kommt. Gerade wenn es in unserem Leben hoch hergeht, ist es unglaublich wichtig, dass wir uns immer wieder für einen Moment auf uns selbst besinnen, uns selber spüren und wahrnehmen.

Das Schwierigste an der Übung ist, sie auch tatsächlich regelmäßig auszuführen, am besten mehrmals am Tag. In der allgemeinen Hektik unseres Alltags sind es leider die wichtigen Dinge, die oft auf der Strecke bleiben, darum denken Sie bitte immer wieder daran, sich einen kurzen Moment für sich Zeit zu nehmen. Sie können diese Übung auch an bestimmte wiederkehrende Ereignisse koppeln, damit Sie immer daran denken, beispielsweise wenn Sie ins Auto steigen oder in den ersten Minuten vor oder nach Ihrer Mittagspause. Eine Klientin hat ihre Empfindung bei der Übung einmal wie folgt beschrieben: „Es ist, als wenn ich im Meer untertauche, um mich wird es still, um mich herum tauchen endlos viele Gedanken und Gefühle auf, wie ein Schwarm Fische, der mich umkreist."

Ein Blick in sich selbst

Kommen Sie für einen Moment zur Ruhe. Lassen Sie die Gedanken los, die Sie gerade beschäftigen, seien Sie ganz bei sich. Jetzt horchen Sie in sich hinein, spüren Sie sich, fühlen Sie, wie Sie sitzen, nehmen Sie Ihre Füße wahr, die auf dem Boden ruhen. Fühlen Sie, wo Ihr Körper noch im Kontakt mit der Umwelt ist. Vielleicht ruht Ihr Arm gerade auf der Lehne eines Stuhls, womöglich liegen Ihre Hände auf dem Tisch.

Schalten Sie alle Einflüsse von außen ab, jetzt geht es nur um Sie. Stellen Sie Ihr Smartphone besser auf lautlos, bevor Sie mit der Übung beginnen, damit Sie während der nächsten Minuten nur sich selbst gehören. Konzentrieren Sie sich ganz auf das Hier und Jetzt. Sie wollen gerade an keinem anderen Ort sein, die Vergangenheit und die Zukunft sind im Moment ohne jede Bedeutung für Sie.

Wichtig ist Ihre Atmung. Spüren Sie, wie der Atem durch Ihren Körper fließt. Achten Sie auf die Signale, die Ihr Körper sendet. Wenn Sie eine Verspannung bemerken, nehmen Sie es zur Kenntnis und lassen Sie sich nicht weiter davon beeinflussen. Tanken Sie mit jedem Atemzug neue Kraft.

Nehmen Sie Notiz von den Gedanken und Gefühlen, die kommen, aber bewerten Sie diese nicht. Seien Sie nicht mehr und nicht weniger. Auch wenn Ihnen positive Dinge in den Kopf kommen, registrieren Sie sie, aber halten Sie sich nicht länger damit auf. Drei Minuten reichen völlig, um den Tag entspannter zu beginnen oder zwischendurch neue Kraft zu schöpfen.

Ein paar Momente am Tag sollten Sie nur sich selbst gehören.

Bewusster leben

Unser Alltag ist oft eine einzige Aneinanderreihung von Routineübungen. Wir erledigen unsere Pflicht gegenüber dem Arbeitgeber, versuchen, den Erwartungen gegenüber unseren Partnern und unserer Familie gerecht zu werden, nur wir, wir selbst bleiben dabei viel zu oft auf der Strecke. Es gibt da eine bekannte Geschichte von einem alten Zenmeister, der nach dem Geheimnis seines Glücks und seiner Zufriedenheit gefragt wird. Seine Antwort ist recht simpel: „Wenn ich liege, dann liege ich, wenn ich aufstehe, dann stehe ich auf, wenn ich gehe, dann gehe ich, wenn ich esse, dann esse ich." Die Fragenden antworten, dass sie all das doch auch täten. Da sagt der Zenmeister: „Mag sein, dass ihr auch liegt, geht und esst, doch während des Liegens denkt ihr schon ans Aufstehen, ihr überlegt, wohin ihr geht, und wenn ihr losgegangen seid, dann überlegt ihr, was ihr essen werdet. Eure Gedanken sind nie da, wo ihr gerade seid. Nur wenn ihr euch voll dem Augenblick hingebt, in dem ihr gerade seid, habt ihr die Möglichkeit, glücklich zu sein."

Die Geschichte trifft wohl auf die meisten Menschen zu: Wenn morgens der Wecker klingelt, gehen uns schon tausend Gedanken durch den Kopf; statt einfach langsam die Augen zu öffnen und ein paar Mal ruhig durchzuatmen, sind wir in Gedanken schon auf dem Weg zur Arbeit. Immer mit dem Geist im Hier und Jetzt zu sein, das gelingt wohl nur einem erfahrenen Zenmeister, aber wir können schon daran arbeiten, mehr Momente bewusst wahrzunehmen.

Beginne den Tag achtsam. Ich empfehle meinen Klienten immer, mit dem Frühstück zu beginnen. Es wird viel darüber geredet, wie wichtig das Frühstück ist, dabei ist es die Mahlzeit, für die sich zumindest unter der Woche die wenigsten wirklich Zeit nehmen. Hastig schaufelt man sich ein Müsli rein, während man auf dem Smartphone die neuesten Nachrichten liest, und nebenbei trinkt man noch schnell eine Tasse Tee oder Kaffee, während die Gedanken um das Weltgeschehen oder um den bevorstehenden Arbeitstag kreisen.

Dabei gehört das Essen zu den allerwichtigsten Dingen, die wir tun. Nicht nur, was wir essen, ist wichtig, sondern auch, wie wir essen.

Viele Leute haben Gewichtsprobleme, weil sie viel zu schnell essen. Achten Sie mal darauf: Leute, die langsam essen, sind fast nie übergewichtig. Essen ist aber auch für unsere Seele wichtig. Genauso wie es für unseren Kopf schlecht ist, wenn er ständig randvoll mit negativen Gedanken ist, genauso negative Folgen hat es, wenn wir uns mit Junkfood und Fertiggerichten vollstopfen.

Dabei braucht man gar keinen großen Aufwand zu betreiben, wenn man sich in Achtsamkeit übt, nur konzentrieren sollte man sich darauf mit ganzem Herzen. Wenn Sie ein Brot schmieren, versuchen Sie sich nur darauf zu konzentrieren. Und wenn Sie dann reinbeißen, konzentrieren Sie sich nur auf den Geschmack. Vielleicht stellen Sie fest, dass Sie die Konfitüre, die Sie schon seit Jahren verwenden, gar nicht mehr mögen, und probieren mal etwas Neues aus. Egal was Sie machen, betreiben Sie keinen zu großen Aufwand, aber tun Sie es mit Liebe. Wenn Sie sich ein Brötchen mit Käse bereiten, verwenden Sie doch mal ein paar frische Kräuter oder eine Tomatenscheibe, und dann konzentrieren Sie sich auf den Geschmack. Wenn Sie essen, essen Sie.

Und dann gehen Sie zur Arbeit, aber versuchen Sie, nicht gleich an die Arbeit zu denken. Wenn Sie gehen, gehen Sie. Und wenn Sie zur Arbeit fahren, schauen Sie sich die Menschen an, die Ihnen begegnen. Wenn Sie in der U-Bahn sitzen, beobachten Sie ihren Gesichtsausdruck. Oft kann man das aktuelle Wetter daran ablesen, bei Sonnenschein gucken die Menschen meist viel freundlicher drein als bei Regen. Sind Sie zu Fuß unterwegs, beobachten Sie, wie die anderen gehen. Nehmen Sie auch die Natur wahr, wie sie sich mit den Jahreszeiten verändert. Benutzen Sie das Auto auf dem Weg zur Arbeit und stehen Sie im Stau, ärgern Sie sich nicht, freuen Sie sich über die gewonnene Zeit für eine kleine Meditationsübung am Steuer.

Achtsam am Arbeitsplatz Auch im Job können Sie achtsamer sein. Machen Sie sich einen Kaffee oder Tee, dann genießen Sie bewusst. Sollten Sie sich zwischendurch einen kleinen Snack gönnen, konzentrieren Sie sich beim Essen auf nichts anderes. Und haben Sie keine Angst, Zeit für die Arbeit zu verlieren, denn wenn Sie bei der Arbeit nicht abgelenkt sind, schaffen Sie nach jeder Unterbrechung auch gleich mehr. Sollte es die Möglichkeit geben, einen kurzen Mittagsschlaf zu halten, nutzen Sie die. Forscher haben herausgefunden, dass uns ein 15-Minuten-Nickerchen am Nachmittag 20 bis 30 Prozent produktiver werden lässt. Ich habe einen Klienten, der in seiner Schreibtischschublade ein Kissen aufbewahrt und sich fast täglich eine ganz kurze Schlafpause gönnt. Er erzählte, es wäre für ihn so ein Gefühl, als würde man kurz untertauchen und dann frisch gestärkt wieder an die Oberfläche kommen. Auch wenn nicht jeder die Chance auf so einen kleinen Power-Nap hat, für ein paar Minuten Meditation findet sich immer eine Gelegenheit, und wenn es gar nicht anders geht, dann eben auf der Toilette.

Sitzen ist nicht die beste Körperhaltung. Immer mehr Untersuchungen beschäftigen sich mit den negativen Folgen davon. Vor allem das Sitzen am Computer ist nicht gesund, es beeinflusst unsere Körperhaltung und unsere Augen. Gewöhnen Sie sich an, regelmäßig vom Monitor wegzuschauen und einen Gegenstand weiter weg zu fokussieren. Das kann eine Pflanze oder ein Aktenordner sein, ganz egal, oder Sie schauen einfach kurz aus dem Fenster.

Und laufen Sie! Wenn Sie schon mit dem Auto kommen, nehmen Sie den entferntesten Parkplatz, benutzen Sie nicht den Aufzug, und wenn Sie in einem sehr hohen Stockwerk arbeiten, gehen Sie wenigstens einen Teil zu Fuß. Nehmen Sie sich vor, jede Woche ein Stockwerk mehr zu Fuß zu schaffen.

Auch am Mittag gilt, was ich bereits zum Frühstück gesagt habe: Konzentrieren Sie sich auf Ihr Essen. Gespräche mit Kollegen sind natürlich wichtig, aber für die Zeit, in der Sie Ihr Essen zu sich nehmen, versuchen Sie nur darauf zu achten. Dabei stellt man plötzlich Interessantes fest: Ein Klient von mir erzählte, dass er sich immer auf den Donnerstag gefreut hatte, wenn es in der Kantine die Riesencurrywurst mit Pommes gab. Seit er mehr auf das Essen achtete, fiel ihm zum ersten Mal auf, wie pappig eigentlich die Fritten schmeckten – „wie aufgewärmte Eierkartons" – und ihm wurde bewusst, wie schlecht er sich immer am Donnerstagnachmittag fühlte. Wer bewusst und nicht nur nebenbei isst, wählt auch bewusst aus, was ihm guttut.

Denken Sie auch am Nachmittag an kleine Meditationspausen. Eine Freundin von mir, die bei der Arbeit in einer Großraumsituation sitzt und sich bei der Meditation beobachtet fühlte, hat für sich folgenden Trick entwickelt: Sie klemmt sich den Telefonhörer zwischen Schulter und Kopf, damit die Kollegen denken, sie würde konzentriert einem Gespräch folgen. Von der Körperhaltung ist das natürlich alles andere als ideal, aber sie schwört, dass sie hinterher vollkommen entspannt ist.

Das Tagesende Am Ende des Arbeitstages beenden Sie ihn auch richtig. Wenn es noch Dinge gibt, die Sie bedenken müssen, tun Sie es am besten noch am Arbeitsplatz. Wenn Sie ihn verlassen, sollten alle Gedanken, die mit Ihrem Job zu tun haben, von Ihnen abfallen. Konzentrieren Sie sich dann auf den Heimweg. Wenn die Möglichkeit besteht, laufen Sie nach Hause, denken Sie noch nicht an Ihr Abendprogramm, sondern seien Sie immer da, wo Sie gerade sind. Und seien Sie spontan. Seien Sie immer offen für neue Erfahrungen. Vielleicht entdecken Sie ein Restaurant, das Ihnen gefällt, und Sie probieren es einfach mal aus. Oder Sie kommen an einem Geschäft vorbei, in dem Sie Zutaten für ein leckeres Abendessen entdecken, zu dem Sie jemanden einladen.

Viele Leute denken am Feierabend nur an das Abschalten, die Füße hochlegen, den Fernseher einschalten und sich berieseln lassen. Dann zappt man sich durch die Programme, bleibt hier und da hängen, und wenn's zu langweilig wird, dann checkt man auf dem Smartphone oder Tablet den Facebook-Account, liest die Nachrichten oder tätigt online den nächsten Frustkauf. Es ist vollkommen in Ordnung zu relaxen! Gerade wenn man viel arbeitet, muss man sich nicht auch noch durch ein anstrengendes Freizeitprogramm quälen. Doch gerade beim Entspannen sollte man sich wieder fokussieren.

Gut schlafen Gerade bei Klienten mit Schlafstörungen habe ich die Feststellung gemacht, dass zu viel achtloser Medienkonsum ein Grund dafür sein kann: Zum einen strengt das Starren auf den Bildschirm die Augen an. Gerade wenn man, bevor man das Licht ausmacht, nochmal kurz auf das Smartphone sieht, kann das die Einschlafphase erheblich verlängern. Und dann sind da noch die ganzen Nachrichten, die wir bewusst oder unterbewusst abspeichern und die uns Angst machen und nicht einschlafen lassen.

Nehmen Sie sich mal vor, Ihre ganzen technischen Geräte eine Stunde vor dem Zubettgehen abzuschalten. Nehmen Sie sich lieber noch ein gutes Buch zur Hand, und wenn Sie mit jemandem zusammenleben, unterhalten Sie sich. In meiner Paartherapie stelle ich oft fest, dass sich Menschen in Partnerschaften häufig mindestens so einsam fühlen wie Singles. Wenn Sie dann im Bett sind, meditieren Sie ein letztes Mal und träumen Sie sich an Ihren Wunschort. Dann sollte es mit dem Schlaf bestens klappen.

Das Übungsprogramm für einen Monat

Um das Rüstzeug für die Blasentechnik und damit die perfekte Selbstwahrnehmung zu bekommen, reichen vier Wochen regelmäßiger Übungen aus. Dafür kombinieren Sie immer zwei Übungen. Idealerweise wiederholen Sie die Übungen täglich. Nach Ablauf des Monatsprogramms werden Sie die Welt um sich viel entspannter sehen. Gerade wenn Sie sich beruflich oder privat in einer besonderen Stresssituation befinden, sind sie äußerst hilfreich.

Die 1. Woche: Einfach nur atmen und Das Ich ganzheitlich wahrnehmen
Am Anfang widmen Sie sich ganz dem Atmen und der Wahrnehmung, die Übungen dazu finden Sie auf S. 57 und 60.

Die 2. Woche: Einfach nur atmen und Die Körperwanderung
Jetzt geht es auf Expedition durch den eigenen Körper. Die Übungen dazu finden Sie auf S. 57 und 63. Außerdem trainieren Sie in dieser Woche weiter die achtsame Atmung.

Die 3. Woche: Achtsam hören, Apfel mit allen Sinnen, Im Hier und Jetzt ankommen
In dieser Woche richten Sie Ihren Blick auf die Außenwelt. Die entsprechenden Übungen stehen im Abschnitt „Mit allen Sinnen entspannen" auf S. 67–69.

Die 4. Woche: Körpermeditation für zwischendurch und Gehmeditation
Zeit für die auf S. 71 vorgestellten Körpermeditation und flankierend dazu die auf S. 74 beschriebene Gehmeditation.

Anschließend können Sie Ihr Programm selbst so zusammenstellen, wie Sie möchten. Vorzugsweise konzentrieren Sie sich auf die Übungen, die Ihnen am Anfang schwerer gefallen sind.

Auf den Punkt gebracht: Was bringt mir die Blasentechnik?

Nicht wenige Menschen brauchen einen Moment, um sich für neue Dinge zu begeistern. Wenn ich meinen Klienten vorschlage, diese Technik und die damit verbundenen Übungen auszuprobieren, kommt oft die Frage: Und was bringt mir das? Hier eine kurze Übersicht.

Mehr Selbstwahrnehmung Die Blasentechnik hilft mir dabei, immer bei mir selbst zu bleiben. Ich kann meine Gefühle reflektieren und erkenne genau, was die jeweilige Situation mit mir macht. Sich selbst wahrnehmen heißt auch, zu fühlen, ein Bewusstsein für seinen Körper zu haben, von Kopf bis Fuß. Die Selbstwahrnehmung betrifft meine Sinne: Was rieche ich, was sehe ich, was höre ich, was spüre ich auf meiner Haut, wie ist meine Körperhaltung? Alle diese Wahrnehmungen geben mir die Antwort auf die Frage: Tut mir das, was ich gerade tue, auch wirklich gut?

Mehr Selbstbewusstsein Ich werde mir mithilfe der Blasentechnik mehr bewusst, wer ich bin und welche Rolle ich im Leben spiele. Ich lerne, mich immer besser selbst wahrzunehmen. Meine Gefühle, meine Wünsche, meinen Körper, meine Gedanken, meine Glaubenssätze. Ich schaue mir mein Inneres an und überlege, was mir wirklich guttut und welche Muster und Verhaltensweisen ich ablegen kann, ablegen sollte, weil sie nicht mehr in mein Leben passen. Wir entwickeln uns immer weiter im Leben, behalten aber trotzdem ein paar Angewohnheiten, die zu früheren Lebensphasen gehören, die in der aktuellen Situation aber einfach nicht mehr passend sind. Mithilfe der Blasentechnik können wir alte Angewohnheiten, die uns nicht mehr guttun, durch neue ersetzen. Das Leben ist ein ständiger Prozess, ein Weg, den ich gehe und der sich Tag für Tag, Woche für Woche weiterentwickelt und bei dem ich reifen kann.

Mehr Selbstwertgefühl Wenn meine Gefühle den Raum erhalten, den sie verdienen, sehe ich mich dadurch besser und schätze mich mehr wert. Ich lerne für mich und meine Gefühle im Außen einzutreten, stelle mich nicht mehr zurück. Ich werde für mich wertvoller. Und damit auch für andere.

Mehr Selbstachtung Ich schaue hin, wer bin ich. Ich höre in mich hinein: Was will ich wirklich und was fühle ich, was tut mir gut? Ich schenke mir mehr Beachtung und achte so sensibler auf mich.

Mehr Abstand zum Außen Ich lerne, über mich und meine Gefühle zu sprechen. Ich übernehme Verantwortung für das, was ich tue oder was ich lasse. Es ist meine Entscheidung, den Job zu machen, den ich ausübe, oder die Beziehung fortzuführen, in der ich bin. Ich entscheide selbst, ob ich die Schuld an etwas trage oder ob mir nur jemand die Schuld geben will. Ein klassisches Beispiel ist ein alter Freund, der sich nach langer Zeit meldet und einen gleich mit einem Vorwurf überfällt: „Nie meldest du dich!" In der Situation kann ich für mich selbst plädieren, nicht schuldig zu sein, und muss gar nicht auf Konfrontationskurs gehen, sondern kann mich freuen, wieder mal von jemandem zu hören, der sich lange nicht gemeldet hat. Anschließend können wir gemeinsam herausfinden, welche die Gründe für die lange Funkstille waren. Wir haben einen gesunden Abstand und damit die beste Grundlage für eine funktionierende Kommunikation.

Mehr Selbststärkung Je besser ich mir bewusst bin, je mehr ich mich beachte und wertschätze und für mich einstehe, desto stärker werden meine inneren Strukturen. Ich reagiere gelassener und ruhe mehr in mir selbst. Ich lerne mich und alles, was mich ausmacht, wertschätzen und erhalte so neue, ungeahnte Kräfte.

Mehr Selbsterkenntnis Schritt für Schritt erkenne ich mich mehr und kann mich mit allen meinen Seiten auseinandersetzen, den Stärken und den Schwächen gleichermaßen. Ich lerne, mich mit meinen Schwächen auszusöhnen, und habe den Mut, auch mal neue andere Sichtweisen auszuprobieren. Viele Menschen lehnen mit zunehmendem Alter Neues immer stärker ab, sie wollen an dem Bekannten festhalten und versäumen so viele Dinge, die ihnen womöglich sehr guttun könnten.

Vielleicht haben Sie Bedenken, ob das alles wirklich so richtig ist mit der Blasentechnik. Lassen Sie sich nicht Bange machen. Manchmal höre ich in meiner Praxis, dass Klienten Angst davor haben, sich zu sehr mit der Blase abzukapseln, sich einsam zu fühlen oder zu egoistisch zu werden. Diese Sorgen sind unberechtigt, denn die Blase ist nicht statisch, sondern beweglich und transparent, sie kann sich in alle Richtungen öffnen und überall andocken, sodass ich jederzeit mit anderen in Kontakt gehen und mich öffnen kann, indem ich von mir und meinen Gefühlen spreche und andere frage, wie es ihnen geht. Ich gehe in Kontakt und bleibe doch bei mir.

Und sollten Sie sich fragen, ob das nicht alles ein bisschen egoistisch ist: Nein. Wenn ich in mir selbst ruhe, weil ich mich kenne und mit mir im Reinen bin, bin ich niemals egoistisch. Und es ist unendlich wichtig, Grenzen setzen zu können. Wenn das Außen uns nicht guttut, müssen wir eine klare Trennungslinie ziehen. Umgekehrt darf natürlich auch das Außen seine Grenzen setzen. Und so erreicht man wieder eine perfekte Harmonie zwischen der Innen- und der Außenwelt. Und ist es nicht angenehm, wenn jeder so sein kann, wie er ist, und auch so angenommen wird?

Wenn das Außen wichtiger wird als wir selbst

Wenn das Außen mit seinen tatsächlichen oder nur vermuteten Wünschen und Bedürfnissen wichtiger wird als unsere eigenen Wünsche und Bedürfnisse, konzentrieren wir uns darauf, das Außen zufriedenzustellen und schieben gleichzeitig unsere Gefühle immer weiter nach hinten. Schlimmstenfalls haben sie immer weniger Platz in unserem Leben und verschwinden fast ganz. Dabei verlieren sich manche Menschen mit der Zeit völlig, weil sie aufhören, sich noch richtig wahrzunehmen.

Wenn ich mehr in meiner Außenwelt als in meiner Innenwelt bin, enge ich mich ein. Meine Wünsche und Bedürfnisse kommen zu kurz, dadurch entsteht ein innerer Konflikt. Das kann in allen Bereichen meines Lebens passieren, beruflich wie privat. Dabei bleibt meine Selbstwahrnehmung auf der Strecke, ich reagiere verstärkt auf die Wünsche und Forderungen von außen und vergesse meine Gefühle. In diese Situation können wir uns ganz bewusst manövrieren, weil wir den anderen gefallen wollen, unser eigenes Ich bleibt dabei aber auf der Strecke.

Je mehr wir das Thema eines anderen zu unserem machen, desto weniger Platz bleibt für uns selbst. In Partnerschaften ist so ein Thema die Eifersucht. Aus Angst vor der Eifersucht des anderen bricht man Kontakte ab zu Menschen, die einem eigentlich wichtig waren, z. B. zu Ex-Partnern.

Wenn das Außen wichtiger ist als Sie selbst, dann schneiden Sie einen Teil von Ihrem Selbst ab. Sie verzichten auf Ihre Bedürfnisse. Es ist Ihnen in dem Fall wichtiger, dass das Außen zufrieden ist.

Und wenn man seine Bedürfnisse hintanstellt und sich über lange Zeit innerlich verneint, dann kommt es zum inneren Konflikt. Denn der eine Teil von mir, der nicht gehört wird, möchte Aufmerksamkeit. Und die kann er im schlimmsten Fall z. B. in Form von psychosomatischen Beschwerden oder Angst- und Panikattacken bekommen.

Nicht selten habe ich solche Fälle in meiner Praxis. Wenn ich solche Klienten zu ihrer Person befrage, antworten sie stets damit, was andere über sie gesagt haben. Das Bild, das sie von sich im Kopf haben, ist das, was ihnen ihr Umfeld widerspiegelt. Sie berichten nur darüber, wie es ihren Partnern mit ihnen erging. Ich muss dann immer nachfragen, wie es denn ihnen selbst in einer bestimmten Situation ergangen ist, und da muss mancher am Anfang oft sehr lange überlegen. Denn wenn wir den Fokus mehr darauf ausrichten, die Wünsche und Erwartungen von außen zu befriedigen, verlieren wir unser Inneres, unsere eigenen Gefühle aus dem Blick. Irgendwann kommt es uns vor, als ob wir gar nicht mehr unser eigenes Leben leben, wir fühlen uns mehr und mehr fremd in unserer eigenen Haut.

Ich denke da oft an eine meiner Klientinnen, eine sehr sympathische Frau Mitte 40, Mutter von zwei Kindern, glücklich verheiratet, die einfach nicht begreifen konnte, warum sie immer so traurig war. Den Kindern ging es gut, der Mann war liebevoll – und dennoch hatte sie immer wieder das Gefühl, sie würde magisch von einem dunklen finsteren Loch angesaugt, das ihr sämtliche Energie und Lebensfreude raubte. Als sie zu mir kam, litt sie zunehmend unter Ängsten und Panikattacken. Schnell fanden wir einen wichtigen Grund dafür heraus: Ihr eigenes Ich hatte fast aufgehört zu existieren. Als ich sie bat, aufzumalen und aufzuschreiben, was sie ausmacht, waren da immer nur ihre Kinder und ihr Mann. Ganz eklatant wurde ihr mangelndes Selbstgefühl, als sie ein Bild von ihrer Blase zeichnete und eine von den Menschen in ihrem Umfeld. Ihre Blase war winzig und bot kaum Platz, um noch irgendetwas hineinzuschreiben.

Im Lauf der Jahre hatte sich ihre komplette Gefühlswelt ins Außen verlagert, es interessierte sie immer nur, ob es den Kindern gut geht und wie sie ihren Mann, der beruflich ständig unter Stress stand, nach Möglichkeit entlasten konnte. Als dann auch noch bei ihrer Mutter Demenz diagnostiziert wurde, blieb ihre eigene Person endgültig auf der Strecke. Sie war wie ein Haus, das man bis auf die Grundmauern niedergerissen hatte. Aber in den Sitzungen gelang es uns, sie allmählich, Stein für Stein, wieder aufzubauen. Nachdem es ihr gelungen war, ihrem Selbst wieder mehr Platz einzuräumen, verschwanden auch langsam ihre Ängste. Mit der Zeit bekam sie große Freude daran, sich selbst ganz neu zu erfinden.

Auch wenn heute immer weniger Frauen nur Mütter sein wollen und möglichst schnell nach einer Geburt wieder in ihren Job zurückkehren, sind sie keinesfalls davor gefeit, ihr eigenes Ich aus den Augen zu verlieren. Im Gegenteil, der Job lässt ihnen noch weniger Zeit, sich öfter auf ihr ureigenes Selbst zu besinnen.

Die Gefahr in vielen Bereichen des Lebens ist groß, dass wir dem Außen mehr genügen wollen als uns selbst und es dadurch mehr Platz bekommt als wir selbst. Nicht nur im zwischenmenschlichen Bereich, ganz häufig passiert das auch im Beruf. Auch hier ist es für sehr viele Menschen wichtiger, das Außen zu bedienen, es also anderen recht zu machen, als auf sich selbst zu hören und abzuwägen. Jeden Tag habe ich solche Fälle in meiner Praxis. Es passiert ganz oft, dass man am Abend noch E-Mails von der Arbeit bekommt, und gleich gehen die Gedanken weg von sich und der Familie oder dem Partner: Gerade war man noch der sorgende Familienvater, plötzlich ist man der beflissene Angestellte. Es ist vor allem das Gefühl, auch in der Freizeit mit beruflichen Dingen behelligt zu werden, das unsere Innenwelt in Unruhe versetzt. Darum ist es wichtig, seinen privaten Freiraum so gut zu schützen, wie es geht. Gerade hier ist es wichtig, sich selbst zu fragen: Muss das jetzt wirklich sein? Was tut mir gut?

Schützen Sie Ihr Inneres vor dem Außen – privat und im Job.

Konflikte in der Paarbeziehung

In der Paartherapie ist oft ein Ungleichgewicht das Thema. Beziehungen sollten ein Geben und Nehmen sein, doch das Gleichgewicht ist dabei selten ideal austariert. Sehr oft findet sich ein

Partner in der Rolle des permanent Gebenden, der andere ist ständig auf der Nehmerseite. Solche Entwicklungen sind meist schleichend. Das klassische Beispiel ist, dass man in einem Punkt nachgibt, um einem Streit aus dem Weg zu gehen oder dem anderen zu gefallen, oder man hat Angst, der andere könne einen dann nicht mehr lieben.

Das fängt mit kleinen Dingen an. Da verzichtet man beim Fernsehprogramm auf eine Lieblingssendung, weil der Partner sie nicht mag. Man trifft sich seltener mit Freunden, die dem Partner nicht recht sind. Dabei sind das oft nur Vermutungen: Viele verzichten freiwillig auf Dinge, von denen sie annehmen, sie könnten dem Partner missfallen. Statt einfach nachzufragen und herauszufinden, ob das tatsächlich so ist, verzichtet man im vorauseilenden Gehorsam freiwillig. Und mit jedem Nachgeben und jedem Verzicht stellt man sich selbst mit seinen Bedürfnissen immer mehr nach hinten und es wird ein bisschen enger in der eigenen Blase. Und so kommt es dann zu einem inneren Konflikt: Da ist eine Stimme in mir, die sagt: „Ich würde es aber gern tun", und eine andere fordert mich auf zu verzichten, „sonst wirst du nicht mehr geliebt".

Zu Anfang bemerkt man noch nicht einmal, wie das eigene Ich immer mehr in Bedrängnis kommt, wie man sich immer weiter unterordnet, um der Partner zu werden, von dem man glaubt, dass der andere einen so haben will. Endet die Beziehung dann, ist man erschreckt, was für ein trauriger Rest von einem selbst übrig geblieben ist. Um eine glückliche Beziehung aufzubauen, muss man lernen, vom ersten Tag an seinen Claim abzustecken, seine Grenzen zu ziehen und sich und seinen Wünschen und Vorstellungen den gebührenden Raum in der Beziehung zu geben. Seinem Partner sollte man natürlich das Gleiche zugestehen. Es gibt keine glücklichere Verbindung als die von zwei Menschen, die mit sich selbst im Einklang sind.

In einer Blase vereint

Gerade in der ersten Zeit des Verliebtseins begehren die Partner einander so sehr, dass sie nicht nur beim Sex miteinander verschmelzen wollen. In der Antike glaubte man, dass der Mensch in Urzeiten ein Doppelwesen aus Mann und Frau gewesen sei, das den Göttern zu mächtig geworden war und darum in zwei Teile geteilt wurde. Seit der Zeit setzten die Menschen alles daran, ihre zweite Hälfte wiederzufinden und wieder mit ihr eins zu werden. Tatsächlich kann dieser Zustand gefährlich werden.

In meinen Paartherapie-Sitzungen erlebe ich immer wieder Paare, die keinen Raum mehr für sich allein haben. Auf der einen Seite werden die Gemeinsamkeiten als positiv empfunden und nicht als Problem angesehen. Gerade Frauen stellen immer wieder heraus, wie sehr sie es genießen, alles miteinander zu teilen. Umso erstaunter sind sie, wenn sie feststellen, dass die scheinbar perfekte Beziehung ihnen plötzlich das Gefühl gibt, sich verloren zu haben, weil es keinen Raum mehr für das „Ich", sondern nur noch für das „Wir" gibt, weil man in der gleichen Blase gefangen ist.

Ich arbeite mit den Paaren dann meist daran, die Beziehung behutsam zu „entzerren", damit beiden wieder ausreichend Raum für sich selbst gegeben wird und sie wieder mehr sie selbst sein dürfen. Am Anfang fällt es den Partnern nicht gerade leicht, wieder mehr auf ihren eigenen Beinen zu stehen. Es fühlt sich im ersten Moment oft ganz schön wacklig an, doch dann stabilisieren sie sich schnell. Auch wenn es paradox klingen mag: Je mehr jeder auch bei sich bleiben kann, desto besser für die Beziehung. Ein Partner, der Selbstständigkeit ausstrahlt, ist auf lange Sicht begehrenswerter als einer, der immer da ist und alles mitmacht. Wenn Paare sich gegenseitig Zeit für eigene Interessen einräumen, heißt das nicht, dass sie sich voneinander entfernen, sondern die Beziehung erhält vielmehr ein Fundament, auf dem sich solide eine gemeinsame Zukunft aufbauen lässt. Auch in sexueller Hinsicht kann das wahre Wunder bewirken.

Verschmelzungsgefahr! Menschen in Beziehungen neigen dazu, mit dem Partner zu verschmelzen. Es gibt nur noch ein Wir und kein Ich mehr. Ich verliere mich immer mehr und stelle mich immer mehr nach hinten, bis es zum inneren Konflikt kommt.

Wenn jeder in einer Beziehung er selbst sein darf und Sie sich und Ihrem Partner Zeit für eigene Interessen einräumen, erhält Ihre Beziehung ein festes Fundament und bleibt auf Dauer spannender.

Dem eigenen Ich zuliebe muss man lernen, Grenzen zu ziehen.

Konflikte in Freundschaften

Ähnliches gilt natürlich für den Freundeskreis. Ich glaube, fast jeder hat Menschen in seinem Umkreis, die einen ständig mit Beschlag belegen und erwarten, dass man immer für sie da ist, einen selbst und seine Bedürfnisse aber gar nicht wahrnehmen. Und wenn man selbst mal ihren Rat oder ihre Hilfe benötigt – tja, dann sind sie oft gerade indisponiert. Es gibt Menschen, die über ein riesiges

Reservoir an Charme verfügen und damit andere so sehr blenden, dass die kaum mitbekommen, wie sie ständig ausgenutzt werden. Darum ist es auch wichtig, sich gegenüber seinem Freundeskreis abzugrenzen. Besser, man hat weniger Freunde und dafür nur welche, die einem guttun. Denn sonst findet auch unser Privatleben immer mehr im Äußeren statt. Wir beschäftigen uns dann ständig mit den Problemen anderer und nehmen unsere eigenen Gefühle kaum noch wahr. Und wer immer nur versucht, anderen zu gefallen, wird irgendwann nicht mehr ernst genommen und rutscht in eine undankbare Rolle.

Ein Beispiel: Eine Frau hat den Ruf, übersensibel zu sein, sie reagiert tatsächlich sehr empfindlich auf Zugluft. Ihre Freundinnen verdrehen schon genervt die Augen, wenn sie im Restaurant fragt, ob irgendwo ein Fenster geöffnet sein könnte. Als sie einmal mit drei Freundinnen abends im Cabrio unterwegs ist, hat sie mehr Angst vor den Bemerkungen ihrer Freundinnen als vor den Folgen der Zugluft. Also macht sie mit und liegt den Rest des Wochenendes mit einem steifen Hals und rasenden Kopfschmerzen im Bett. Dabei trägt sie einen inneren Konflikt aus: Sie ist wütend auf ihre Freundinnen, die keine Rücksicht auf sie nehmen, aber auch auf sich selbst, dass sie nichts gesagt hat. Sie hatte Angst, sie würde mit ihrer Sensibilität den Abend ruinieren, und sie mag auch ihren Freundinnen gar nicht erzählen, wie schlecht es ihr nach der offenen Fahrt durch die Nacht ergangen ist, aus Angst, man würde sie beim nächsten Mal überhaupt nicht mehr mitnehmen, weil sie so eine Spaßbremse ist. Dabei ist die Lösung doch oft recht einfach: Beim nächsten Mal, wenn die anderen offen fahren wollen, nimmt sie einfach ein Taxi. So muss sie nicht länger für den Spaß der anderen leiden und sorgt gleichzeitig gut für sich selbst.

In einer solchen Situation ist alles im Lot, man selbst gibt sich genug Raum in seiner Blase und verbindet sich im harmonischen Einklang mit anderen. Es ist ein harmonisches Hin und Her, ein Geben und Nehmen, so wie es sein sollte. Ich schaue nach außen und nehme mich selber wahr, während ich gleichzeitig aufnehme, was die anderen sagen. Ich frage nach und fühle in mich hinein. Jeder darf sein und bleiben, wer er ist.

Mehr zum Thema, wie Sie mit Ihrem äußeren Umfeld, ob in Partnerschaft, Beruf oder Freundschaften, umgehen, erfahren Sie in Teil 4 ab S. 196.

Die perfekte Balance: Hier sehen Sie den Idealzustand. Im Optimalfall entsteht zwischen Ihnen und dem Außen ein harmonisches Hin und Her. Sie sind ganz bei sich, geben sich und dem Außen den Raum, der nötig ist, und sind offen für ein gesundes, ausgeglichenes Miteinander mit Ihrer Außenwelt.

Man kann es nicht allen recht machen

Jeder Mensch will geliebt werden, das ist ganz natürlich. Doch für viele wird dieser Wunsch zum Problem, wie zahlreiche Fälle aus meiner Praxis zeigen. Es passiert in der Partnerschaft genauso wie im Beruf oder in der Familie: Um zu gefallen und Anerkennung zu bekommen, versuchen wir so zu sein, wie andere uns gern hätten.

Die Vorstellungen, wie wir sein müssen, um Liebe zu erhalten, beruhen oft auf Erfahrungen aus der Kindheit. Darum suchen sich beispielsweise Frauen oft Männer, die ihren Vätern gleichen, denn sie glauben zu wissen, wie sie sich deren Liebe und Aufmerksamkeit sicher sein können. Manche schauen sich ihre Vorstellung vom Glück auch aus Filmen und Büchern ab. Dabei liegt der einzige Platz, an dem man sein persönliches Glück finden kann, in einem selbst. In der eigenen Blase finden wir all das, was uns glücklich macht und richtig für uns ist.

Das perfekte Zuhause entdeckt man in keiner Hochglanzzeitschrift, genauso wenig wie die Frisur, die am besten zu einem passt. Um unseren Weg zu finden, müssen wir lernen, auf uns selbst zu hören. Wir müssen aufhören, es allen recht zu machen, und werden, was wir sein wollen. Unsere Haare sollten wir so schneiden lassen, wie es uns gefällt, nicht, wie andere es uns vorschreiben. Die Menschen um uns kommen und gehen: wenn ein neuer Lebensabschnitt beginnt, wenn wir den Beruf oder die Stadt wechseln, wenn wir uns von unserem Partner trennen. Wenn wir uns aber immer auf die anderen einstellen, müssen wir uns ständig ändern und bleiben uns niemals treu.

Wir dürfen uns niemals passend machen für die Menschen, die uns umgeben, wir müssen uns mit den Menschen umgeben, die zu uns passen. Das gilt für den Beruf genau wie für den Freundeskreis und vor allem natürlich auch für unsere Partnerschaften. Es ist eine natürliche Auslese, bei der wir nur an uns heranlassen, was uns gut-tut. Und nur indem wir immer wir selbst sind, auch unsere Ecken und Kanten zeigen können, sind wir auch für unser Gegenüber greifbar und authentisch. So bekommen wir eine Kontur. Darum haben Individualisten und echte Typen in der Regel mehr Freunde als andere.

Die Leute, die alles mitmachen, sind meist die, die am häufigsten übersehen werden. Einer meiner Klienten berichtete von seinem Werdegang in einem Start-up. Er gehörte zu den Mitarbeitern der ersten Stunde, konnte sich in einem schicken Loft sein Büro aussu-chen. Er wählte eines mit einem großen Fenster, von dem aus er auf eine Grünanlage blicken konnte. Dort arbeitete er wie alle anderen oft sieben Tage in der Woche, oft bis spät in die Abendstunden. Bei so viel Einsatz blieb auch der Erfolg nicht aus, das Unternehmen wuchs. Eines Tages bat ihn der Chef, sein Büro gegen ein fensterlo-ses zu tauschen, er wolle einen neuen Mitarbeiter für das Unterneh-men gewinnen, der auf ein Büro mit Fenster bestanden hatte. Weil ihm der Wechsel in ein weniger schönes Büro mit einer Gehalts-erhöhung versüßt wurde, willigte mein Klient ein.

In den nächsten Monaten wuchs die Belegschaft weiter, es begann eng zu werden, bei meinem Klienten zogen zwei neue Mitarbeiter ein, während die anderen Kollegen der ersten Stunde noch immer ihre eigenen Büros hatten. Diesmal war die Veränderung auch nicht mit einer Gehaltserhöhung verbunden, der Chef hatte ihm die Ent-scheidung auch nicht persönlich mitgeteilt, sondern das seiner Assistentin überlassen. Schon seit er sein Büro mit Fenster verloren hatte, machte meinem Klienten die Arbeit weniger Spaß, nicht so sehr, weil ihm die Aussicht fehlte, sondern weil er das Gefühl hatte, dass man ihn auch mit weniger spannenden Aufgaben betraute und von Tag zu Tag weniger wertschätzte. Die Folge war, er ging in die innere Emigration. Am Anfang hatte er sich als Teil des Start-ups gefühlt, jetzt sah er zu, dass er so früh wie möglich nach Hause kam. Schließlich kam es, wie es oft kommt: Das Unternehmen war zu schnell gewachsen, Mitarbeiter mussten freigestellt werden. Der Chef teilte ihm in einem kurzen Gespräch seine Entlassung mit. Seine letzten Worte waren: „Ich habe das Gefühl, dass du in letzter Zeit einfach nicht mehr für den Laden gebrannt hast."

Darum ist es wichtig, von Zeit zu Zeit einmal „Kante zu zeigen" und seine eigenen Interessen zu wahren. Hätte mein Klient gleich, als er das Büro mit Fenster abgeben musste, deutlich gemacht, dass er mit der Entscheidung nicht glücklich war, hätte der Chef die Entscheidung womöglich nicht zurückgenommen, wäre aber auch nicht so schnell auf die Idee gekommen, ihm auch noch andere Mitarbeiter in sein fensterloses Büro zu setzen. In dem Moment, wo mein Klient die Entscheidung klaglos hinnahm, schrumpfte sein Selbst immer mehr. Und das hat zur Folge, dass man sich immer weniger wahrnimmt. Selbstbewusstsein und Selbstwertgefühl nehmen ab, und man fügt sich leichter in sein weiteres Schicksal.

Wenn man eine unangenehme Situation nicht bewältigen kann, beginnt oft der Prozess der Verdrängung. Die unterdrückten Gedanken äußern sich dann schnell körperlich. Es kommt zu einem allgemeinen Unbehagen, Freudlosigkeit, körperlichen Symptomen wie Rückenschmerzen und Schwindel. Bei meinem Klienten war es die Ursache für Panikattacken. Eine Zeitlang konnte er deswegen kaum das Haus verlassen. Ein großes Problem ist es, dass Symptome, die durch innere Konflikte hervorgerufen werden, oft gar nicht oder erst sehr spät erkannt werden. Wer sich im Prozess der Verdrängung befindet und unter Rückenschmerzen und Schwindel leidet, macht oft nicht seinen Kummer, sondern seinen Körper dafür verantwortlich. Sucht er einen Arzt auf, kann dieser in den allermeisten Fällen nur die Symptome behandeln, aber die wahren Ursachen der Krankheit bleiben im Dunkeln.

Wahren Sie immer Ihre persönlichen Interessen!

In fremden Blasen:
Wenn wir den gesunden Abstand verlieren

Manche neigen dazu, sich zu sehr in andere Blasen hineinzuversetzen. Sie leiden dann zu sehr mit den anderen mit und verlieren dadurch buchstäblich ihr eigenes festes Fundament. Empathie ist etwas Wunderbares, es ist eine der Eigenschaften, die uns zu Menschen machen. Aber es ist wie mit allen Dingen im Leben: Wenn man es mit der Dosierung übertreibt, kann auch eine gute Medizin zu einem Gift werden.

Je mehr wir das Thema eines anderen zu unserem Thema machen, desto weniger Platz bleibt für uns. Wir hören auf, uns zu spüren, verlieren jegliches Gefühl für uns und für unsere Bedürfnisse. Ich erlebe sehr oft in meiner Praxis, dass die Angehörigen von kranken Menschen irgendwann selber krank werden. Aus Mitgefühl tauchen sie so tief in die Blase des anderen ein, dass sie die gesamte Krankheit in all ihren Stadien mitdurchleiden. Das Problem ist, dass sie dadurch selbst ins Straucheln geraten und dem Partner nicht mehr die Stütze sein können, die er so dringend braucht.

Jeder ist in seiner Blase. Dem einen geht es gut, aber der andere ist in Unsicherheit oder Angst. Bei ihm geraten die Dinge gerade ins Wanken oder Wackeln.

Manche wollen dem anderen helfen, indem sie durch ein Übermaß an Empathie in dessen Blase hüpfen: „Ich bin für dich da, und zwar mit Haut und Haaren." Die Gefahr ist, dass man sich dabei selbst verliert.

Aus Mitgefühl tauchen wir manchmal zu tief in die Blase des anderen ein.
Aber was passiert dann? Sie wackeln mit! Die Unsicherheit und Ängste des
anderen springen auf Sie über. Auf den anderen wiederum kann es sogar
übergriffig wirken, womöglich reagiert er mit Ablehnung, Wut oder Aggression.

Besser ist es, wenn jeder in seiner Blase bleibt. So kann man den anderen
von einem festen Fundament aus besser unterstützen. Dieser fühlt sich so eher
aufgefangen und gestärkt.

Bei allem Mitgefühl müssen wir lernen, gerade in extremen Situationen in unserer Blase zu bleiben, um dem anderen der starke Partner sein zu können, den er braucht. Grundsätzlich gilt: Wenn wir in die Blase des anderen hineingehen, kann es für ihn womöglich eng werden. Bei manchen Menschen löst das einen Fluchtreflex oder sogar Aggression und Ablehnung aus. Es kann als übergriffig empfunden werden. Wenn man meint, sich in der Blase des anderen zu befinden, erliegt man schnell der Versuchung zu entscheiden, was gut für den anderen ist – und wie es für einen selbst gut wäre.

Viel zielführender ist es, den anderen danach zu fragen und es ihn selber formulieren zu lassen: Was würde dir jetzt helfen, was würde dir guttun? Dabei hat der andere womöglich ganz andere Wünsche und Vorstellungen als wir selbst. Kindern müssen wir den Weg bis zu einem gewissen Alter vorgeben, Erwachsene müssen wir ihren eigenen Weg gehen lassen.

Denken Sie öfter an sich!

EIGENE WÜNSCHE UND ZIELE ERKENNEN UND VERFOLGEN

In diesem dritten Teil tauchen wir tief in Ihr Inneres hinein. Sie sollen herausfinden, was Sie ausmacht und wie Ihre Ziele und Wünsche aussehen, damit wir die Koordinaten für Ihren Weg bestimmen können.

Ich mache mir die Welt, wie sie mir gefällt

Was kann ich tun, um immer bei mir zu bleiben, ohne dabei egoistisch zu sein oder zu wirken? Dabei hilft die Blasentechnik, die Sie im vorangegangenen Kapitel kennengelernt haben. Hier werden wir diese Technik nun noch vertiefen und ein Stück tiefer in die Ich-Strukturen vordringen.

Die eigene Persönlichkeit ausloten

Die wichtigste Frage im Leben ist: Wer bin ich? Wenn man sich und seinen Weg aus den Augen verliert, muss man dringend wieder zu sich zurückfinden. Wie vorher schon beschrieben, besteht unser Ich aus mehreren inneren Teil-Identitäten, die wir als Erstes identifizieren und anerkennen müssen.

Nehmen Sie sich einen Stift und machen Sie eine kleine Zeichnung von sich. Keine Sorge, es muss kein Meisterwerk sein, das ist schließlich kein Zeichenkurs. Dann ziehen Sie um sich herum eine Blase. Sie sollte genug Platz bieten, um noch einiges hineinzuschreiben.

1. **Meine Rollen** Zunächst schreiben Sie die verschiedenen Rollen hinein, die Sie im Leben ausfüllen. Am Anfang sind Sie natürlich das Kind Ihrer Eltern, dann kommt Ihre Ausbildung, der Beruf, der Freundeskreis, die Rolle des Partners oder der Partnerin, der Yoga-Enthusiastin und was immer Sie ausmacht. Auch wenn meist jeweils nur eine Rolle aktiv ist, begleitet uns doch das gesamte Ensemble überall hin: Selbst zu einem wichtigen Business-Termin kommt auch Ihr inneres Kind mit.

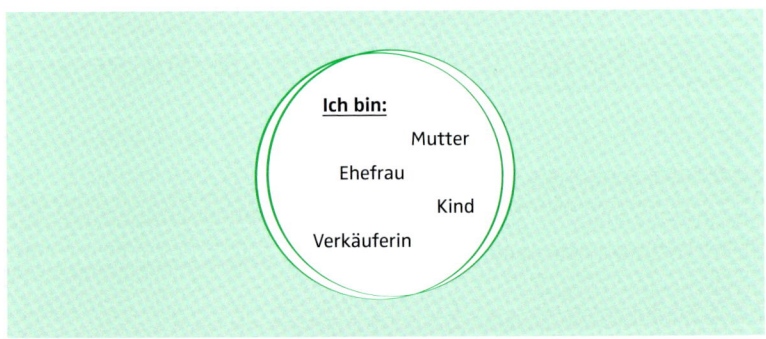

Welche Rollen machen mich aus? Schreiben Sie alle Rollen auf, die Sie in Ihrem Leben haben.

2. **Was macht mich aus?** Jetzt ist es Zeit, einen Schritt weiterzugehen. Als Nächstes schreiben Sie alles auf, was Ihren Charakter beschreibt, die guten und auch die weniger guten Züge, und alles, was Sie sonst noch ausmacht, die positiven Gefühle genau wie die negativen. Dabei ignorieren Sie die Attribute, die Ihnen

die Außenwelt zuschreibt. Es zählt nur, was Sie selbst empfinden und wahrnehmen. Sollte die Außenwelt Sie anders sehen, ist das deren Problem. Denken Sie auch an das Kind, das Sie schon seit Jahren oder Jahrzehnten nicht mehr sind: Trotzdem bleibt es immer ein Teil von Ihnen.

Schreiben Sie alles auf, was Ihre Persönlichkeit ausmacht, die guten und auch die weniger guten Züge und Gefühle. Wer bin ich? Was genau macht mich aus?

Nehmen Sie sich ausreichend Zeit dafür. Sie müssen nicht auf einen Schlag ein komplettes Bild von sich skizzieren. Sie können die Skizze ruhig mal liegen lassen und nach und nach aufschreiben, was Ihnen zu sich alles einfällt. Das darf ruhig ein paar Tage dauern. Es handelt sich hier um einen inneren Such- und Findungsprozess, der weder heute noch morgen abgeschlossen sein muss. So finden Sie Schritt für Schritt immer mehr über sich heraus und werden für sich selbst immer greifbarer und Ihrer selbst immer bewusster.

3. **Das Außen** Wenn Sie Ihre verschiedenen Rollen und Seiten identifiziert haben, stellen Sie sich auch alle anderen Personen aus Ihrem direkten Umfeld in einer Blase vor und gruppieren Sie diese um Ihre eigene Blase herum, um sich noch einmal visuell bewusst zu machen, dass jeder aus seiner Welt in die Welt draußen schaut. Und dadurch die Welt ganz eigen bewertet und mit ganz anderen Augen sieht.

Wenn Sie Ihre verschiedenen Rollen und Seiten identifiziert haben, stellen Sie sich alle anderen Personen aus Ihrem direkten Umfeld in einer Blase vor und gruppieren Sie diese um Ihre eigene Blase herum.

Ich hatte schon Klienten, die große Teile ihrer Persönlichkeit vollkommen aus den Augen verloren haben, da ein einzelner Teil von ihnen einen solch großen Raum eingenommen hatte, dass für die anderen kein Platz mehr blieb. Ganz oft ist der Job schuld daran. Ein junger ambitionierter Oberarzt, der einmal zu mir kam, hatte neben seinem Beruf buchstäblich kein Leben mehr. Zwischen seinen zum Teil 35 Stunden dauernden Schichten fuhr er nur nach Hause, um sich auszuschlafen, und wenn er seine Wohnung verließ, dann praktisch ausschließlich im Arztkittel. Das private Ich war fast völlig ausgeschaltet.

Umgekehrt gibt es immer noch viele Frauen, die ihren Beruf aufgeben, um für ihre Kinder da zu sein. Gerade waren sie noch erfolgreich im Job, die begehrte Geliebte, die gute Freundin, plötzlich sind sie nur noch die sorgende Mutter. Es gibt im Leben natürlich Situationen, wo bestimmte Bereiche zurücktreten müssen. Aber das darf immer nur für eine begrenzte Zeit sein, und man darf dabei nie ganz die Facetten seiner Persönlichkeit aus den Augen verlieren.

Prägungen aus der Vergangenheit erkennen und überwinden

Jetzt nehmen Sie die Eigenschaften in Ihrer Blase. Ich erkläre das meinen Klienten immer folgendermaßen: Die Eigenschaften schweben wie Planeten in ihrer Blase umher, manche Planeten sind größer, andere kleiner. Jetzt kann ich mir eine nach der anderen näher anschauen. Nehmen Sie alles unter die Lupe und fragen Sie sich, ob Sie diese Eigenschaft brauchen, ob Sie das überhaupt sind: Bin ich so übervorsichtig, weil mir das meine Eltern als Kind immer eingebläut haben? Bin ich so eifersüchtig, weil mir ein Partner in der Vergangenheit dazu Anlass gab? Will ich beispielsweise den Rest meines Lebens ein bisschen ängstlich sein oder wäre es nicht toll, ein bisschen mutiger zu werden?

Dann ist es jetzt an der Zeit, Ballast abzuwerfen und sich von Eigenschaften, die Ihnen nicht länger gefallen und die Ihnen auf Ihrem weiteren Weg hinderlich sein könnten, zu trennen. Die Eigenschaften, die wir ablegen, können wir dann durch neue ersetzen, die uns guttun. Wenn wir nicht mehr übervorsichtig sein wollen, können wir daran arbeiten, neugieriger zu werden. Wenn wir unsere Eifersucht über Bord werfen, könnten wir versuchen, ein vertrauensvollerer Mensch zu werden.

Ich will Sie ermutigen, mental beweglicher zu werden. Es ist nie zu spät im Leben, sich noch einmal ganz neu auszuprobieren und neue Seiten und Stärken an sich zu entdecken, die einem früher aus unterschiedlichsten Gründen verborgen geblieben sind. Das Leben ist Veränderung, es ist ständig in Bewegung. Am ehesten erkennen wir die Veränderungen leider, wenn sich etwas zum Schlechten verwandelt hat. Doch genauso, wie man Dinge im Leben verlieren kann, kann man auch neue positive Dinge und Eigenschaften hinzugewinnen. Und wenn wir uns ändern, eröffnen sich plötzlich ganz neue Möglichkeiten. Auf einmal können sich privat wie beruflich ungeahnte Perspektiven eröffnen. Experimentierfreude und Mut sind die wichtigsten Wegbereiter für ein gelingendes, glückliches und zufriedenes Leben! Probieren Sie viel und verwerfen Sie wieder, wenn es Ihnen keinen Spaß macht. Anregungen für neue Aktivitäten finden Sie weiter hinten im Buch.

Die Programmierungen aus der Kindheit loswerden Was brauche ich also noch davon? Schauen Sie sich alles, was Sie auf Ihren Zeichnungen festgehalten haben, in Ruhe an: jede Charaktereigenschaft, jeden Glaubenssatz, jede Rolle, die Sie einnehmen. Um die Dinge, die Ihnen guttun, malen Sie jetzt einen blauen Kreis, die Dinge, die Ihnen nicht guttun, umrahmen Sie in Rot. Jetzt nehmen Sie sich die

Punkte vor, die Sie rot umrandet haben. Fragen Sie sich, was die Ursache dafür ist. Mal angenommen, Sie tun sich schwer mit Kritik, finden Sie heraus, wo die Ursachen liegen könnten. Gehen Sie auch zurück in Ihre Kindheit. Vielleicht hat Sie ein Elternteil ständig kritisiert, deswegen sind Sie gleich auf Hundertachtzig, wenn jemand das Nörgeln anfängt. Sobald Sie die mögliche Ursache gefunden haben, fragen Sie sich, ob sie noch mit Ihrem aktuellen Leben zu tun hat. Taugt sie immer noch als Grund für Ihre heutige Einstellung zu dem Thema oder ist es möglich, sie abzulegen?

Misstrauen und Eifersucht etwa sind zwei Gefühlslagen, die ihre Ursache oft in der Vergangenheit haben. Eine unglückliche Beziehung kann uns für spätere Beziehungen prägen, wir sind Partnern gegenüber misstrauisch, die uns vielleicht gar keinen Anlass dazu geben. Darum ist es sehr wichtig, immer wieder auch über unsere negativen Gefühle nachzudenken. Sind sie in unserer aktuellen Lage noch berechtigt? Oder können wir sie mit neuen Eigenschaften ersetzen, mit Eigenschaften, die uns besser tun? Falls es Ihnen zu schwerfällt, kann an dieser Stelle auch ein guter Therapeut weiterhelfen. Da reichen manchmal ein paar Sitzungen, um ins Gleichgewicht zu kommen.

Eine Klientin kam in meine Praxis, geradezu von Schuldgefühlen zerfressen. Egal was schiefging, sie machte sich dafür verantwortlich, für das Zerbrechen ihrer Beziehungen genau wie für den Großauftrag, den ihre Firma verloren hatte, natürlich ganz ohne ihr Zutun. Als sie sich einmal verabredete, war ihr Tisch trotz Reservierung vergeben, und ihre erste Reaktion lautete: „Wahrscheinlich habe ich bei der Reservierung am Telefon undeutlich geredet und man hat mich falsch verstanden." Auf die Idee, man könnte die Reservierung ganz einfach verschlampt haben, kam sie erst gar nicht. Ich sprach sie gezielt auf ihre Schuldgefühle an, und wir kamen nach kurzer Zeit auf ihre Kindheit zu sprechen. Sie erzählte mir, wie die Mutter ihr immer eingeimpft hatte: „Suche immer die Schuld bei dir und nicht bei anderen." Und das hatte sie bis in jede Zelle ihres Körpers verinnerlicht. In dieser Sitzung wurde ihr der Zusammenhang vielleicht zum ersten Mal bewusst, so dass sie ihr Verhalten ändern konnte.

Natürlich will ich damit nicht sagen, dass alles, was uns in der Kindheit beigebracht wurde, schlecht ist. Im Gegenteil, schließlich haben wir so gelernt, gut durchs Leben zu kommen: Noch bis in die Sechziger- und Siebzigerjahre haben viele Kinder einen eher autoritären Erziehungsstil erlebt. Daran hat sich glücklicherweise viel geändert. Doch überall finden sich Sätze und Inhalte, die Menschen das Leben schwermachen können und das Ich schwächen. Sie müssen gar nicht aus dem Elternhaus kommen, oft werden sie Kindern auch in der Schule oder in den Medien eingepflanzt.

Wichtig ist, dass man oft immer noch von Phasen des Lebens beeinflusst wird, die überhaupt nichts mehr mit dem jetzigen Leben zu tun haben. Was haben innere Glaubenssätze aus der Kindheit wie der Satz: „Suche immer die Schuld bei dir und nicht bei anderen" noch mit dem aktuellen Leben zu tun? Die Antwort lautet: nichts.

Löschen Sie unnütze Programmierungen aus der Kindheit!

Programmierungen aus der Kindheit schleppt man sein Leben lang mit sich herum. Diese können es einem schwer machen, glücklich zu werden. Sie können sich diese belastenden alten Gewohnheiten oder Glaubenssätze anschauen und entscheiden, ob Sie sie noch brauchen oder sich davon befreien.

Um die Programmierungen unserer Kindheit loszuwerden, die uns nicht guttun, müssen wir uns diese zunächst bewusst machen. Das ist der erste Schritt, um sie zu deaktivieren. Jedes Mal, wenn Sie wieder in ein Verhaltensmuster aus vergangenen Zeiten fallen, rufen Sie sich ins Gedächtnis, dass es aus einer Phase des Lebens stammt, die keinen Einfluss mehr auf die Jetztzeit haben muss. Dann können Sie Ihr Verhalten ändern.

Mit neuen Möglichkeiten experimentieren Ich kann auch ganz bewusst nach neuen Möglichkeiten und Wegen suchen, kreativ eine neue Richtung einschlagen, die ausgetretenen Pfade verlassen, mich meinen Ängsten stellen. Dabei muss man sich nicht gleich mit einem Bungee-Seil von einer Eisenbahnbrücke stürzen oder mit dem Fahrrad einmal die Erde umkreisen. Man kann damit anfangen, einen neuen Weg zur Arbeit einzuschlagen oder mal einen neuen Bäcker auszuprobieren, und so Schritt für Schritt seinen ganzen Alltag auf den Prüfstand stellen. Mit jeder neuen Tür, die wir in unserem Leben öffnen, lassen wir eine andere ins Schloss fallen und entfernen uns einen weiteren Schritt von den Gleisen, die uns nicht zu unserem Glück führen.

> Neues wagen und sich Schritt für Schritt seiner selbst bewusst werden.

Sich nicht auf eine Facette reduzieren lassen

Wenn nur der Job zählt

Einmal suchte mich über eine längere Zeit eine Klientin auf, deren ganzes Leben sich praktisch über Nacht in nichts aufgelöst hatte, als man ihr den aufregenden Job in der Medienwelt kurz vor dem 50. Geburtstag kündigte. Für ihre Karriere hatte sie im Lauf der Jahre sehr viele Opfer gebracht. Sie hatte nie eine Familie gegründet, doch der Erfolg im Job hatte das für sie aufgewogen. Als der Beruf weg war, brach ihr Leben zusammen wie ein Kartenhaus. Das viele Geld, das sie verdiente, hatte sie in einen luxuriösen Lebenswandel investiert, statt Rücklagen zu bilden. So musste sie innerhalb weniger Wochen ihre Maisonettewohnung aufgeben und gegen ein Zwei-Zimmer-Apartment eintauschen. Der schicke Roadster wich einer Monatsfahrkarte, das Geld reichte auch nicht mehr für die übliche Feinkost. Doch die finanziellen Verluste schmerzten sie viel weniger als die Tatsache, dass ihre Freunde sie so komplett im Stich ließen. Sie waren ihr wie eine Familie gewesen, die immer bewundernd zu ihr aufgesehen hatten, solange sie noch erfolgreich gewesen war. Jetzt fühlte sie sich wie ein Niemand. Sie hatte sich selbst nur durch ihren Job definiert, die Karrierefrau hatte von ihrer ganzen Persönlichkeit Besitz ergriffen und keine anderen Facetten übriggelassen. Es gab nichts, was ihr im Leben Freude bereitete, keine Hobbys, keine anderen Interessen.

Als ich ihr von der Blasentechnik erzählte, war sie zunächst alles andere als begeistert, aber mit der Zeit funktionierte es richtig gut. Nach und nach entdeckte sie wieder Seiten an sich, die sie längst vergessen hatte. Am Anfang standen in ihrer Blase nur Worte wie Karriere, Medien, zielstrebig, fokussiert, lösungsorientiert, doch im Laufe von ein paar Wochen erkannte sie nach und nach, dass sie noch viel mehr ausmachte. Sie entdeckte sich wieder als Frau, Romantikerin, Geliebte, Tochter, Freundin, und es tauchten ganz neue Seiten auf: Experimentierfreudigkeit, Neugier, Leidenschaft.

Wir schauten uns an, wann sie all das aus den Augen verloren hatte: Manchmal ist es hilfreich zu wissen, wo und wann ich mir den „Virus" eingefangen habe, damit ich ihn wieder loswerden kann. Dann füllten wir Schritt für Schritt das durch den Jobverlust entstandene Vakuum aus und überlegten, wie sie ihren wiederentdeckten Eigenschaften Nahrung geben konnte. Sie entdeckte neue Interessen, schloss neue Freundschaften, erfand sich beruflich vollkommen neu. Sie gründete eine kleine Firma, schwor sich aber von Anfang an, nicht mehr länger als 30 Stunden die Woche zu arbeiten, um genug Zeit zu haben für den Mann und den Hund, die Teil ihres neuen Lebens geworden waren.

Wenn Sie eine Facette Ihres Lebens überbetonen, kommen andere wichtige Bereiche zu kurz und können verkümmern. Und wenn dieser Bereich einmal wegfällt, dann bleibt nichts, außer einer großen Leere.

Unsere Rollen im Gleichgewicht halten

Jeder von uns füllt unterschiedliche Rollen im Leben aus, wir verhalten uns in verschiedenen Bereichen vollkommen unterschiedlich. Es gibt genug hartgesottene Managertypen, die in der Firma Angst und Schrecken verbreiten, um dann in den eigenen vier Wänden zum einsilbigen Pantoffelhelden zu mutieren. Mehrmals täglich wechseln wir unsere Rollen. Wenn wir morgens aufwachen, sind wir für eine kurze Zeit der Partner oder Single, dann schlüpfen wir für den Tag in die Rolle, die uns unser Job vorschreibt, am Abend sind wir dann vielleicht der Freund, der Sportskamerad, der Lover, das Familienmitglied. In jeder Situation kommen andere Facetten unserer Persönlichkeit zum Tragen.

Wichtig ist, dass unsere verschiedenen Ichs stets im Gleichgewicht bleiben. Sehr oft erlebe ich in meiner Praxis Menschen, die eine phänomenale berufliche Karriere hingelegt haben, bei der das private Ich aber völlig auf der Strecke geblieben ist und außerhalb des Jobs praktisch aufgehört hat zu existieren. Der erste Gedanke am Morgen gehört dem Job, der letzte Gedanke des Tages genauso. Wenn sie shoppen gehen, dann, um ein neues Business-Outfit zu erstehen, trifft man sie auf dem Golfplatz, dann sind sie dort, um neue Geschäftskontakte zu knüpfen. Wenn so jemand dann mal seinen Job verliert oder in Rente geht, bleibt von ihm nur ein trauriger menschlicher Rest übrig. Manager bekommen Depressionen, wenn sie bei der Verrentung den Schlüssel zur Firmenlimousine und die Vielfliegerkarte und all die anderen liebgewonnen kleinen Extras abgeben müssen, die nur ein Ersatz für ein richtiges Leben mit all seinen Facetten waren. Ihr ganzes Selbstwertgefühl baut auf ihren Job, und verschwindet dieses Fundament, bricht alles zusammen.

Andere Menschen wiederum gehen voll und ganz auf in ihrer Freizeitbeschäftigung. Sport ist etwas Wunderbares, nur kann man es auch hier sehr schnell übertreiben, es kann zu einer gefährlichen Sucht werden. Ein typischer Fall war ein Klient, der irgendwann das Laufen für sich entdeckt hatte. Auch wenn er, wie er selber sagt, nie eine Sportskanone gewesen sei, mache ihm das Laufen Freude, und er entschied sich, an einem Marathon teilzunehmen. Als er das geschafft hatte, wurde er mit Anerkennung überschüttet, er sagte, es war der glücklichste Tag in seinem Leben.

Warum werden wir süchtig? Weil wir Glücksmomente ständig wiederholen wollen. Der Mann lief also bei weiteren Marathons mit. Die Begeisterung in seinem Umfeld war natürlich nicht mehr dieselbe, also probierte er etwas Neues: Triathlon. Seine Erfahrung wiederholte sich, für seinen ersten absolvierten Triathlon wurde er wieder gefeiert, beim dritten interessierte es schon weniger. Also wollte er nochmal einen draufsetzen und plante einen

Triple-Ultra-Triathlon, das bedeutet 126,65 km Laufen, 540 km Fahrradfahren und 11,4 km Schwimmen. Dann riss beim Training ein Kreuzband, er konnte den Plan begraben. Doch es kam noch schlimmer: Sein Arzt eröffnete ihm, dass er über kurz oder lang eine künstliche Hüfte brauchen würde, und empfahl ihm als Alternative für danach Nordic Walking. Für ihn brach eine Welt zusammen. Sein Leben hatte jahrelang nur aus Trainingsplänen bestanden, worunter auch seine berufliche Laufbahn gelitten hatte. Er hatte im Lauf der Zeit einige Karrierechancen sausen lassen, weil sie zu wenig Zeit zum Training gelassen hätten. Und so hatte er nach dem Bescheid des Arztes nicht bloß das Gefühl, seine sportliche Laufbahn sei zu Ende, sondern sein ganzes Leben.

Wir müssen also unbedingt darauf achten, dass unsere verschiedenen Rollen nicht in ein fatales Ungleichgewicht kommen. Auch wenn der Job viel Spaß macht, sollten wir unser Privatleben nicht aus den Augen verlieren. Auch wenn unsere Beziehung wunderbar ist, dürfen wir nicht unsere Freunde vergessen. Jeder Facette unserer Persönlichkeit hat es verdient, dass wir Zeit für sie aufwenden.

 Eine einzelne unserer Rollen sollte nie die Überhand gewinnen! Halten Sie eine gute Balance zwischen den unterschiedlichen Rollen.

Mutter oder Vater sein

Beziehungen können enden, Arbeitsverhältnisse können aufgelöst werden – Mutter oder Vater bleibt man ein Leben lang. Es ist die verantwortungsvollste Rolle, die wir in unserem Leben haben, und sie übt den stärksten Einfluss auf die anderen Rollen aus, die wir einnehmen. Ein Single wird sich unendlich viel leichter tun, Neues zu wagen, seinen Job zu kündigen und etwas anderes auszuprobieren, als jemand, der die Verantwortung für seine Familie trägt.

Diese Rolle ist es auch, die die anderen Rollen am stärksten in den Hintergrund drängen kann. Das gilt in besonderem Maße für alleinerziehende Mütter. Wenn ein Mensch durch die Umstände auf eine Rolle reduziert wird, wird es sehr eng für das eigene Ich. Bei allem Glück, das mit dem Elternsein verbunden ist, gilt es, sich Freiräume zu bewahren. Was natürlich leicht gesagt ist, wenn man ständig zwischen Kita und Arbeitsplatz hin und her pendelt und jede private Verabredung doppelt kostspielig wird, da man womöglich auch noch einen Babysitter bezahlen muss. Trotzdem ist es von allergrößter Wichtigkeit, sich selbst ausreichend Platz in seinem Leben einzuräumen, schon weil Kinder nur glücklich sein können, wenn es die Eltern auch sind.

Eine meiner Klientinnen litt an schweren Schlafstörungen, und das, obwohl sie einen 16-Stunden-Tag hatte. Jeden Morgen klingelte um sechs Uhr der Wecker, anschließend galt es, ihre Zwillinge für die Kita fertigzumachen und sie dort wohlbehalten abzuliefern. Dann ging es sofort zur Arbeit, ein stressiger Job in einer Werbeagentur, wobei die Kollegen ihr den Umstand, dass sie einen Halbtagsjob hatte und nicht wie die anderen unbezahlte Überstunden machen musste, auch noch neideten. Um 15 Uhr holte sie ihre Kinder ab und verbrachte den Nachmittag mit ihnen. Wenn sie dann am frühen Abend im Bett waren, setzte sie sich wieder an ihren Computer, um E-Mails vom Chef und den Kollegen zu beantworten.

Ich fragte sie, wann sie das letzte Mal etwas für sich gemacht hatte. Auch nach langem Nachdenken wollte ihr nichts einfallen. Da entwickelten wir einen Plan, wie wir in ihrem vollgepackten Tag auch noch Zeit für sie unterbringen konnten. Zunächst einmal reaktivierten wir ihren Freundeskreis, den sie seit Jahren vollkommen vernachlässigt hatte. Es stellte sich heraus, dass eine Studienfreundin von ihr in einer ganz ähnlichen Situation war. Die beiden taten sich zusammen, jede nahm die Kinder der anderen zwei Nachmittage in der Woche. So verschafften sich beide ein wenig Freiraum. Nachdem das schon mal wunderbar funktionierte, auch weil die Kinder sich gut verstanden, weiteten sie das Modell auf einen Abend und eine Nacht in der Woche aus, an dem sie gegenseitig die Kinder übernahmen, so konnten sie endlich auch mal wieder ausgehen. Außerdem lud meine Klientin öfter mal alte Freunde zu sich ein, um bei einem Glas Wein einfach zu reden, wenn die Kinder im Bett waren. Während sich so ihr Leben wieder normalisierte, tat es ihr Schlafverhalten auch.

Was hält mich ab, meinen eigenen Weg zu gehen?

Der Wunsch nach Veränderungen ist bei vielen Menschen sehr stark, doch irgendetwas scheint sie wieder und wieder davon abzuhalten, den Schritt in die richtige Richtung zu tun. Im Folgenden möchte ich auf die wichtigsten Hindernisse eingehen und Hinweise geben, wie man sie ausräumt.

Selbstzweifel

Oft werden uns Selbstzweifel von frühester Kindheit an eingeimpft. Besonders Mädchen haben da einiges auszustehen. Während Jungen gar nicht hoch genug klettern und wild genug spielen können, warnt man die Mädchen dauernd vor drohenden Gefahren: „Klettere nicht so hoch, benimm dich, sei nicht so laut." Wenn man erwachsen ist, muss man lernen, seine Grenzen auszuloten und die Zweifel, die einem eingepflanzt wurden, zu beseitigen. Natürlich kann man nicht alle Ängste so einfach mit einem Federstrich auslöschen. Manche sitzen so tief, dass man sie nur mit sehr geduldiger Arbeit aus der Welt räumen kann.

Was uns aber auch selbst an uns zweifeln lässt, ist der Umstand, dass niemand von uns perfekt ist. Kein Mensch hat nur positive Seiten. Darum ist es wichtig, dass wir mit unseren Schwächen, wenn wir sie nicht ablegen können, Frieden schließen. Wer schüchtern ist, wird nicht auf Knopfdruck zum eloquenten Unterhalter, aber es gibt zum Glück sehr viele Menschen, die schüchterne Menschen weitaus mehr schätzen als Personen, die sich bei jeder Gelegenheit in den Mittelpunkt stellen müssen. Und sogar in der Arbeitswelt beginnt man zu entdecken, dass Schüchterne oft viel bessere Lösungen finden als ihre selbstbewussteren, lauten Kollegen.

Vergleiche mit anderen

Wir alle neigen dazu, uns mit anderen Menschen zu vergleichen. Ganz besonders fatal ist das, wenn wir für diese Vergleiche die Rollenmodelle aus der Lifestyle-Presse heranziehen. Ein klassisches Beispiel ist der After-Baby-Body der Hollywood-Stars: Mithilfe einer Armee von Fitnesstrainern sehen die Schönheiten schon nach wenigen Tagen oder Wochen wieder vollkommen schlank und perfekt aus, während jede normale Mutter noch Monate einige Extrakilos mit sich herumschleppt.

Vergleiche im persönlichen Umfeld sind oft genauso wenig zielführend, auch wenn wir ihnen von Kindesbeinen unterzogen werden: „Der kann das schon, warum kannst du das noch nicht?", „Wieso schreibst du nicht genauso guten Noten wie die Nachbarskinder?" Das führt dazu, dass wir dauernd unsere Schwächen im Auge haben, aber unsere Stärken vergessen. Es wird immer einen geben, der besser ist als man selber, aber es gibt wahrscheinlich noch bedeutend mehr Menschen, die etwas nicht so gut können. Erlaubt sind Vergleiche mit anderen nur, wenn sie einen dazu inspirieren, sich zu verändern, aber nicht, um mit ihnen in einen Wettbewerb zu treten.

Grübeln Sie nicht über Ihre Schwächen, freuen Sie sich über Ihre Stärken!

Angst vor Veränderung oder Leere

Der Mensch ist ein Gewohnheitstier, darum haben die meisten Angst vor Veränderungen. Man behält den ungeliebten Job, denn woanders könnte es ja noch schlimmer sein; man bleibt bei einem Partner, der einen nicht liebt, weil man Angst davor hat, allein zu bleiben. Oder man lässt erst gar keinen Partner in sein Leben, weil das zu viele Veränderungen bedeuten würde. Die Welt und das Leben sind auch so schon genug in Bewegung, da hält man sich gern an ein paar Konstanten fest. Doch wenn man erst einmal erfährt, wie viel Kraft und Inspiration es einem gibt, wenn man loslässt und Neues in sein Leben lässt, fragt man sich als Erstes: Warum habe ich das nicht schon viel eher getan?

Und wenn einmal ungewollte Veränderungen passieren, dann weiß man schon aus Erfahrung, dass man die auch meistern wird. Die Gabe, loslassen zu können, macht einem das Leben leichter, sie hilft uns zu reifen und uns weiterzuentwickeln.

No risk, no fun! Wagen Sie Neues!

Sich von alten Gewohnheiten zu trennen, fällt nicht leicht – manchmal entsteht auch erst eine Art Leere. Wer sich einmal das Rauchen abgewöhnt hat, weiß, was ich meine. Das gilt aber auch für viele andere schlechte Angewohnheiten, die man loswerden will. Wenn Sie mir nicht glauben, schließen Sie doch mal für ein Wochenende Ihr Smartphone weg.

Wenn wir eine alte Angewohnheit ablegen wollen, ist gerade am Anfang die Gefahr sehr groß, dass wir wieder in alte Verhaltensmuster zurückfallen. Darum ist es wichtig, sich gerade in der ersten Zeit ein wenig zu disziplinieren, damit sich die alten Muster nicht wieder klammheimlich in unseren Alltag einschleichen – oder durch ein anderes ersetzt werden.

Widerstand von außen

Die Menschen, die uns umgeben, kennen nur unser altes Ich. Jede Veränderung, die mit uns vorgeht, wird sie mindestens irritieren. Sie kann sogar zu vollkommenem Unverständnis führen und Anlass für Angriffe geben. Auch hier beschreibt ein Beispiel aus dem Suchtbereich die Mechanismen am klarsten. Wenn jemand mal eine Zeitlang oder gar für immer keinen Alkohol mehr trinkt, aus welchen Gründen auch immer, kann er sicher sein, dass das in seinem Umfeld nicht gerade auf Zustimmung stößt. Vorwürfe wie eine Spaßbremse zu sein sind noch das Harmloseste. Die Mitmenschen interpretieren eine Verhaltensveränderung nicht selten als Kritik an ihrem eigenen Verhalten, womöglich weil sie ihnen Anlass dazu gibt, darüber nachzudenken. Hier ist es unumgänglich, sich mit den Menschen, die einem wichtig sind, offen auszutauschen und zu erklären, warum man sich entschieden hat, etwas zu ändern, und dass man keineswegs von ihnen erwartet, dass sie es einem gleichtun.

Es kommt durchaus vor, dass man selbst große Fortschritte macht, das persönliche Umfeld davon aber alles andere als begeistert ist. Eine Klientin von mir hatte zu Anfang ihrer Behandlung ein sehr unterentwickeltes Selbstbewusstsein. Sie litt unter zahlreichen Ängsten und sagte von sich selbst, dass sie im Leben immer lieber in der zweiten Reihe stand, andere vorgehen ließ und grundsätzlich nicht gern im Rampenlicht stand. Je mehr wir ihre Ängste in den Griff bekamen und je mehr ihr Selbstwertgefühl wuchs, desto größere Widerstände spürte sie im Freundeskreis. Man kannte sie nur als Ja-Sagerin, die alles mitmacht, die man nach Belieben ein- und ausladen kann und die vor allem niemandem in der Sonne steht. Doch das sollte sich ändern.

Bei ihrem ersten Termin kleidete sie sich noch ganz unauffällig, schminkte sich praktisch gar nicht und hatte eine, wie sie es nannte, praktische Frisur. Kaum etwas macht attraktiver als ein ausgeprägtes Selbstbewusstsein. Viele ihrer Freundinnen konnten damit nicht umgehen, dass sie auf einmal mehr aus sich herauskam und ihr Erscheinungsbild änderte. Sie entfernten sich von ihr, was für meine Klientin ein echter Schock war, denn statt Anerkennung für ihre positive Entwicklung erlebte sie das genaue Gegenteil. Doch trotz dieses Rückschlags ging sie ihren Weg konsequent weiter und hat längst einen neuen Freundeskreis, der ihr um einiges besser tut als der alte.

Nicht jeder Verlust ist ein wirklicher Verlust.

Stärken Sie Ihre Persönlichkeit!

Im Folgenden möchte ich Ihnen zeigen, wie man sich von fremden Meinungen und Einflüsterungen abkoppelt und herausfindet, was wirklich gut für einen selbst ist. Einfache Übungen: Wie kann ich mich ausklinken, wie bei mir bleiben, wie ändere ich die Sichtweise auf die Welt, auf das Außen, auf meine Mitmenschen? Wenn Sie sich täglich ein bisschen Zeit für diese Übungen nehmen, werden Sie langfristig zu mehr innerer Ruhe, Kraft und Stabilität finden.

Positives Denken pflegen

Es gibt Menschen, die sich ständig nur beklagen. Gründe findet man immer. Man kann sich über jeden und über alles ärgern. Und wenn man einmal damit anfängt, dann stellt man schnell fest: Alles ist schlimm und die Welt furchtbar ungerecht. Solche negativen Gedanken bringen nicht weiter und tun nicht gut. Ganz im Gegenteil. Der römische Kaiser und Philosoph Marc Aurel hat gesagt: „Auf die Dauer nimmt die Seele die Farbe der Gedanken an." Und nicht nur das, eine negative Weltsicht färbt sogar auf die Körperhaltung ab. Je negativer ein Mensch drauf ist, desto negativer reagiert die Umwelt auf ihn. Wer missmutig dreinblickt, wird auch wenig zuvorkommend behandelt und hat noch mehr Gründe, um missmutig zu sein. Die gute Nachricht: Negative Gedanken lassen sich recht einfach umprogrammieren. Man muss nur lernen, sich auf die Dinge zu konzentrieren, die einem guttun.

Aufschreiben, was gut ist

Nehmen Sie ein großes Blatt Papier und schreiben Sie einfach mal auf, was positiv im Leben ist. Das hängen Sie dann gut sichtbar bei sich auf. Zu den Suchfeldern bei „positiven Gedanken" zählen natürlich die Gesundheit, die Freunde, schöne Erinnerungen, Beschäftigungen, die uns Freude machen, Partner und Familie. Auch dem stressigsten Job lassen sich oft noch positive Aspekte abgewinnen. Also: Schreiben Sie alles auf, was Ihnen einfällt. Das muss nicht gleich auf einen Schlag passieren, sondern kann auch nach und nach gemacht werden.

Ich habe schon viele Klienten erlebt, die erst mal der Ansicht waren, da gäbe es so gut wie nichts, und schließlich mehrere DIN-A3-Blätter brauchten, um alles aufzuschreiben. Vieles, was gut ist, wird für uns leider schnell viel zu selbstverständlich. Wir müssen einfach wieder lernen, uns über das zu freuen, was wir haben, und nicht ständig darüber nachzugrübeln, was uns alles fehlt. Ein Klient von mir hat Post-its an seinen Badezimmerspiegel geklebt und sich so am Abend vorm Schlafengehen und am Morgen nach dem Aufwachen immer an all das Gute in seinem Leben erinnert. So ist er besser eingeschlafen und entspannter zur Arbeit gekommen.

Sie können auch jeden Abend vor dem Schlafengehen drei positive Sätze in eine kleine Kladde schreiben und die immer mal wieder durchlesen. Das ist ein Workout, mit dem Sie Ihr Gehirn trainieren, positive Gedanken zu haben. Es ist auch immer sehr interessant, später zurückzublicken, was man vor einem Jahr als positiv empfand, und mit dem jetzigen Gefühl abzugleichen.

Denken Sie positiv, und die Dinge wenden sich zum Guten.

Ungute Stimmen aufspüren

Wir alle haben innere Stimmen, die unser Verhalten beeinflussen. Nicht jede Stimme davon ist liebevoll. Manche schelten und kritisieren uns ständig. Oft sind das noch die Echos aus der Kindheit. Die Stimme der Mutter, die genörgelt hat, weil wir uns vielleicht mal ungeschickt angestellt haben, nehmen wir in das eigene Repertoire auf. Entgleitet uns mal ein Teller und zerspringt in tausend Scherben, ist da gleich die Stimme in uns, die sagt: „Warum kannst du nicht besser aufpassen?"

Im Zeitalter der Selbstoptimierung habe ich es häufig mit Klienten zu tun, die unter ihrem eigenen Perfektionsstreben leiden. Kein Mensch ist perfekt, und das ist auch absolut in Ordnung so. Für Klienten, die unter ihrem Perfektionsdrang leiden und sich ständig Vorwürfe machen, weil sie ihren überhohen Ansprüchen an sich nicht genügen, habe ich eine besondere Übung entwickelt. Dafür stelle ich zwei Stühle auf. Der eine Stuhl symbolisiert die überkritische strenge Seite, der andere eine offenere, versöhnlichere Seite. Sie können die Übung auch zuhause allein machen.

Zwei-Stühle-Übung

Nehmen Sie zunächst Platz auf dem „strengen" Stuhl. Dann richten Sie alle Vorwürfe, die Sie sich regelmäßig selbst machen, an den anderen Stuhl. Den meisten fällt es recht leicht, sich Vorwürfe zu machen, ja es ist fast erschreckend, wie gnadenlos manche Menschen sich selbst für Kleinkram kritisieren. Wenn Sie alles rausgelassen haben, machen Sie eine kurze Pause, dann nehmen Sie auf dem Stuhl Platz, der gerade die ganze Kritik einstecken musste. Wie fühlt sich das an? Vermutlich werden Sie sich ganz klein und schwach vorkommen und sich vollkommen verunsichert fühlen. Hieran merken Sie, wie viel Energie Ihnen die Selbstkritik raubt und wie Sie sich selbst permanent schwächen und verunsichern.

Um sich wieder aufzubauen, machen Sie sich auf die Suche nach einer liebevolleren inneren Stimme, einer Stimme, die auch Verständnis zum Ausdruck bringt. Was könnten Sie statt all der Vorwürfe zu sich sagen, wie könnten Sie es liebevoller und nachsichtiger formulieren? Probieren Sie aus, was Sie selbst gern hören möchten.

Grundsätzlich gilt es, ungute Stimmen aufzuspüren und zu identifizieren. Wo kommen sie ursprünglich her? Wer ist die Quelle der Kritik? Je besser wir ihre Herkunft lokalisieren, desto leichter ist es, sie zum Verstummen zu bringen. Anschließend können wir sie umwandeln in eine liebevolle Stimme, z. B.: „Das war jetzt nicht so toll, aber komm, beim nächsten Mal klappt das besser."

Jeder von uns trägt verschiedene Stimmen in sich, doch oft gewinnt eine so stark die Überhand, dass die anderen gänzlich verstummen. Darum müssen wir sie wieder mit viel Liebe und Geduld aufbauen, damit sie zu Wort kommen können. Sobald die liebevollere Stimme sich wieder Gehör verschaffen kann, stärkt sie die ganze

Persönlichkeit von innen heraus und sorgt dafür, dass wir ruhiger, gelassener und souveräner werden als vorher.

Wer liebevoll zu sich ist, ist es meistens auch zu anderen.

Im Laufe der Zeit habe ich bei meinen Klienten drei Hauptstimmen ausgemacht: Viele Menschen haben eine Wir-Stimme, eine Du-Stimme und eine Ich-Stimme. Dabei ist die Du-Stimme meist die kritische: „Du wolltest das doch nicht mehr machen, du bist so ungeschickt, du bist wieder nicht beim Sport gewesen." Die Ich-Stimme ist die ängstliche: „Ich schaffe das nicht, ich fühle mich schwach."

Die Du-Stimme haben wir uns selbst irgendwann eingepflanzt oder sie hat ihren kritischen Ton von außen übernommen. Die Ermahnungen von Eltern oder Vorgesetzten werden von ihr übernommen. Wenn die Mutter immer geschimpft hat, dass wir als Kind furchtbar ungeschickt seien, übernehmen wir im Erwachsenalter oft selbst die Rolle: Man bezichtigt sich selbst der Dinge, die einem vorgeworfen werden. Darum ist es ungemein wichtig, mit der Ich-Stimme mitzufühlen und sich mit ihr auseinanderzusetzen. Fragen Sie sich, woher die Kritik kommt. Was hat die Du-Stimme wieder gesagt, dass sich das Ich so schlecht fühlt? Je mehr wir die kritische Du-Stimme zum Verstummen bringen und in eine liebevolle Du-Stimme umwandeln, umso mehr wird die Ich-Stimme von innen gestärkt, desto wohler fühlen wir uns. Das Ich könnte sagen: „Du hast das gar nicht so schlecht gemacht. Du bist nicht für alles, was schiefgeht, verantwortlich! Das war heute vielleicht nicht so toll, aber das ist okay, morgen machst du es besser!"

Oft haben wir auch zwei widerstreitende Stimmen in uns, das Engelchen und das Teufelchen, „Komm, trink noch ein Glas Wein, er schmeckt doch so gut", sagt das Teufelchen, und: „Lass die Finger davon, morgen hast du wieder einen dicken Kopf und jammerst" das Engelchen. Man sollte versuchen, nicht eine dieser Stimmen ständig zu unterdrücken. Auch mit sich selbst kann man Kompromisse finden, z. B. nicht noch ein ganzes, sondern einfach nur ein halbes Glas Wein zu trinken.

 Bemühen Sie sich um Ausgleich zwischen Ihren inneren Stimmen.

Dann gibt es noch den Schulmeister in uns, der uns mit erhobenem Zeigefinger ermahnt: „Was du heute kannst besorgen, das verschiebe nicht auf morgen!" Solche Sätze sorgen oft für großen Stress, zumal sich viele Dinge wunderbar auch noch am nächsten Tag erledigen lassen. Dass Südländer oft länger leben, mag nicht nur an dem gesunden Olivenöl und dem reichlich genossenen Fisch liegen, sondern an dem Zauberwort *mañana,* morgen ist auch noch ein Tag. Oder wie der Italiener sagt: *dolce far niente* – das süße Nichtstun.

Glaubenssätze prüfen

Schreiben Sie mal alle Lebensweisheiten und Glaubenssätze auf, die Ihnen im Kopf herumgehen, und fragen Sie sich, ob sie Einfluss auf Ihr Leben haben. Hinterfragen Sie anschließend, ob Ihnen dieser Einfluss guttut, oder ob es nicht Zeit ist, sie abzulegen.

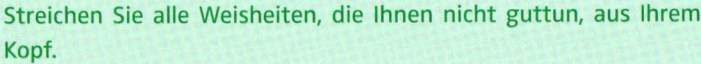 Streichen Sie alle Weisheiten, die Ihnen nicht guttun, aus Ihrem Kopf.

Den inneren Kritiker zur Diskussion herausfordern

Vielen meiner Klienten bereitet es großen Spaß, sich ihren inneren Kritiker als die Figur Gollum aus der „Herr der Ringe"-Trilogie vorzustellen, diese hässliche Kreatur, die drei lange Kinoabende nur am Nörgeln und am Jammern war. Dabei hat sie zwei Seiten: eine, die durch und durch unangenehm ist, und eine, die uns mitfühlen lässt.

Genauso müssen wir uns unseren inneren Kritiker vorstellen. Wenn wir versuchen, ihn zu ignorieren, wird er nur noch wütender auf uns herumhacken: „Warum bist du nur so dumm, machst immer die gleichen Fehler, bist selber schuld an deinem Elend." Der Kritiker gerät schnell in Rage, und wenn wir ihn ruhigstellen wollen, müssen wir uns mit ihm beschäftigen. Macht er uns Vorhaltungen, müssen wir ihn zur Rede stellen. Wenn er meint, wir hätten wieder etwas vermasselt, soll er bitteschön begründen, warum das so ist. Das nimmt ihm schnell den Wind aus den Segeln. Der innere Kritiker hat nicht viele Argumente auf seiner Seite, er wiederholt gebetsmühlenartig einige Allgemeinplätze: „Keiner mag dich, du versaust immer alles, du bist zu sensibel, du machst immer alles falsch."

Aug' in Auge mit Gollum

Wenn sich diese Stimme wieder einmal bei Ihnen meldet, fordern Sie sie zur Diskussion heraus. Fragen Sie Ihren Gollum, was genau Sie denn gerade wieder falsch gemacht haben und was Sie hätten besser machen können. Er wird dann wieder mit Allgemeinplätzen kommen: „Das weißt du genau, das war schon immer so, das wird immer so sein". Aber damit lassen Sie sich nicht abspeisen, Sie analysieren die Situation, auf die er Bezug nimmt, Punkt für Punkt, und weisen ihm so nach, dass in den allermeisten Fällen eben nicht alles Ihre Schuld ist, nur weil er ein für alle Mal dieses Urteil gefällt hat.

Indem Sie auf ihn eingehen, versöhnen Sie sich mit Ihrem inneren Kritiker. Sie wollen ihn ja nicht ganz verjagen, schließlich braucht jeder Mensch eine kritische Stimme in sich, die ihn vor allzu großen Dummheiten bewahrt. Nur eben keinen Nörgler, der einen bei jeder sich bietenden Gelegenheit herunterputzt, denn so fällt es schwer, glücklich zu werden und zu bleiben.

 **Kommen Sie in Einklang mit Ihrem inneren Kritiker.**

Das innere Kind annehmen

Auch Jahrzehnte nach dem Ende unserer Kindheit bleibt unser Kindheits-Ich ein lebendiger Teil von uns, der sich von Zeit zu Zeit zu Wort meldet. Das innere Kind ist in jeder anderen Situation Teil von uns, auch wenn wir es meist nicht wahrnehmen.

Manche Menschen bekämpfen ein Leben lang ihr kindliches Ich. Dem Schriftsteller und Nobelpreisträger Ernest Hemingway wurden als Kind von seiner Mutter Mädchenkleider angezogen, denn sie hatte sich ein Töchterchen gewünscht. Der erwachsene Hemingway wurde zum Inbegriff des Machos, er war Großwildjäger, Kriegsberichterstatter und Schürzenjäger. Er tat wirklich alles, um das Ich, das er in der Kindheit einmal war, auszulöschen. Doch der Kampf ging nicht gut aus: Der Alkoholismus war sein ständiger Begleiter, und Hemingway beendete sein Leben, indem er sich eine Kugel in den Kopf schoss. Das ist natürlich ein sehr extremes Beispiel, aber es zeigt, was im schlimmsten Fall passieren kann, wenn wir unser kindliches Ich in die Verbannung schicken.

Es passiert oft unmerklich, dass wir zurück in unser Kindheits-Ich fallen. In der Psychotherapie nennt man das auch Regression. Die Vergangenheit findet auf den verschlungensten Wegen in unsere Gegenwart. Wunderbar beschrieben hat das Marcel Proust, den der Geschmack eines in Tee getauchten Stückchens Madeleine zurück in die Kindheit führt, woraufhin er sich auf die „Suche nach der verlorenen Zeit" macht. Noch öfter holen uns aber Sätze, die wir hören, zurück in die Kindheit und lassen uns von einem Moment auf den anderen in unser kindliches Ich fallen.

Wir hören beispielsweise von unserem Partner einen Tadel, der uns wieder zum bockigen Fünfjährigen werden lässt. Das können absolute Kleinigkeiten sein, beispielsweise die nicht korrekt zugeschraubte Zahnpastatube. Eigentlich ist das ja nun wirklich keine Katastrophe, doch wir reagieren manchmal, als wäre es eine, weil wir uns in dem Moment vom selbstbewussten Erwachsenen zum unmündigen Kind schrumpfen sehen. Wir fühlen uns so hilflos und wehrlos wie damals, und oft werden dann auch noch andere Erinnerungen aus dieser Zeit wach, die uns weiter demütigen. Und so wird eine harmlose Bemerkung über eine scheinbare Nichtigkeit scheinbar zu einem Angriff auf unser erwachsenes Ich.

Unser kindliches Ich ist und bleibt genauso verletzlich und ängstlich, wie Kinder es nun einmal sind. Entsprechend rücksichtsvoll müssen wir mit ihm umgehen. Wenn wir erkennen, dass es dieses Kind in uns gibt, das sehr empfindlich auf bestimmte Dinge reagiert, können wir uns innerlich davon distanzieren. Wir können es innerlich in den Arm nehmen und trösten und ihm sagen, dass es so, wie es ist, okay ist und dass es nicht mehr traurig, wütend oder hilflos sein muss: Jetzt ist das erwachsene Ich da, und das kümmert sich um das Kind.

Damit können wir sehr viel gegen unsere Ängste tun, denn viele davon haben ihre Wurzeln in der Kindheit. Und wenn unser inneres Kind ein geliebter und angenommener Teil von uns ist, dann haben wir eine der wichtigsten Voraussetzungen erfüllt, um uns selbst lieben zu können.

 Gehen Sie immer liebevoll mit Ihrem inneren Kind um.

Mit dem inneren Kind in Dialog treten

Schließen Sie die Augen. Stellen Sie sich einen sicheren Ort vor, einen Platz, an dem Sie sich geborgen fühlen. Das kann eine schöne Blumenwiese, ein einsamer Strand oder ein nach den eigenen Vorstellungen eingerichtetes Heim in Ihrer Fantasiewelt sein. Sie stellen sich vor, dort zu sein, um Ihr kindliches Alter Ego zu treffen und sich mit ihm zu unterhalten. Sie fragen es, wie es sich fühlt, und sprechen mit ihm über all das, was ihr kindliches Ich bedrückt. Dann bringen Sie zum Ausdruck, dass Sie es so akzeptieren und lieben, wie es ist, dass es nichts auf der Welt gibt, für das es sich schämen muss, und dass es nichts gibt, wovor es sich fürchten muss.

Den Körper erkunden und annehmen

Um zu erkennen, was uns hindert, unseren eigenen Weg zu gehen, ist es hilfreich, sich neben den inneren Stimmen auch noch einmal um den Körper zu kümmern. Wenn wir entspannter sind, löst sich so manche Blockade besser, und wir bekommen den Kopf leichter frei. Dazu gehört auch, den Körper in dem Moment, wie er jetzt ist, wahrzunehmen: Wie spricht er zu mir, wie fühlt er sich an? Wenn

Sie ihn besser kennenlernen, können Sie seine Signale besser deuten lernen und spüren Ihre natürlichen Impulse besser.

Körper-Konzentration

Setzen Sie sich bequem in Ihren Lieblingsstuhl oder rollen Sie die Yoga-Matte aus. Solange wir leben, atmen wir, wir tun das nur zu selten wirklich bewusst. Jetzt atmen Sie durch, ganz tief. Fühlen Sie, wie Ihr Atem bis in den Bauch geht, und lassen Sie ihn langsam wieder heraus. Dann konzentrieren Sie sich auf jeden Teil Ihres Körpers. Fangen Sie dort an, wonach Ihnen gerade ist: mit den Fingern, den Zehen, dem Kopf, Hauptsache Sie spüren bewusst jedes einzelne Teil von sich.

Bemerken Sie eine Verspannung? Atmen Sie ein und aus und versuchen Sie, die Verspannung bewusst loszulassen. Das funktioniert vielleicht nicht auf Anhieb, aber wenn Sie die Übung regelmäßig wiederholen, wird es immer besser klappen. Meist nehmen wir unseren Körper nur dann wirklich wahr, wenn uns ein Zipperlein plagt. Wir sollten uns aber am besten jeden Tag unseres Körpers mit allen seinen Fasern bewusst sein. Darum bewegen Sie jeden einzelnen Zeh, spannen Sie kurz jeden Muskel an, genießen Sie das wunderbare Gefühl, einfach da zu sein. Wenn Sie von Kopf bis Fuß jeden Teil Ihres Körpers gespürt haben, sind Sie fertig. Ruhen Sie sich noch ein wenig aus und fragen Sie sich, wie Sie sich fühlen.

Diese Übung können Sie öfter machen. Der Körper ist das zu Hause unserer Seele, wir sollten ihn gut pflegen. Gönnen Sie sich öfter mal ein Bad mit einem besonderen Duft, leisten Sie sich eine Massage und nutzen Sie auch alltägliche Situationen: Überprüfen Sie von Zeit zu Zeit Ihren Gang und Ihre Körperhaltung, fühlt es sich gut an?

Bei allem, was Sie für Ihren Köper auch tun: Machen Sie sich frei von den Klischees aus der Werbung und den Medien. Die Körper der Stars sehen nur so makellos aus, weil ihre Bilder mit sehr viel Aufwand bearbeitet werden. Selbst der weltberühmte Po von Kim Kardashian ist keineswegs so perfekt, wie uns das die Hochglanzmagazine suggerieren wollen, in Wahrheit ist er sogar sehr deutlich von Zellulitis gezeichnet. Lieben Sie Ihren Körper so wie er ist. Und zwar jetzt und nicht erst, wenn Sie zwei Kilo abgenommen haben. Er hat es verdient.

Bewusst im Hier und Jetzt sein

In jedem Moment unseres Lebens prasseln zahllose Eindrücke auf uns ein. Die allermeisten nehmen wir überhaupt nicht mehr wahr. An das Knacken der Heizung haben wir uns mit der Zeit genauso gewöhnt wie an den Geschmack von Spaghetti oder den Anblick einer knospenden Pflanze. Es ist Zeit, unsere Sinne wieder zu schärfen. Dabei kann man viel von Weintrinkern lernen, die versuchen, mit den Geschmacksknospen auf ihrer Zunge noch die leiseste Nuance aus einem Glas herauszuschmecken.

Fitnessprogramm für die Sinne

Das nächste Mal, wenn Sie ein Essen zubereiten, lassen Sie das zu einem Fest für Ihre Sinne werden. Bestasten Sie die Zutaten, riechen Sie daran, beobachten Sie, wie bewusst sich die Dinge im Topf oder in der Pfanne verändern, und beim Essen konzentrieren Sie sich auf Ihre Nase und Ihre Geschmacksnerven. Lernen Sie, Ihre Umwelt wieder mit neuen Augen sehen, z. B. die kleine Grünanlage, durch die Sie

*auf dem Weg zur Arbeit immer hasten und die Sie nur noch schemen-
haft wahrnehmen: Halten Sie Ausschau nach den Wundern, die sie
für Sie bereithält, die Vögel, die darin brüten, die Eichhörnchen, die
die Bäume auf der Suche nach Nahrung durchstreifen, die Knospen,
die den Frühling ankündigen. Je mehr Sie Ihre Sinne schärfen, desto
besser nehmen Sie sich selber wahr. Es lohnt sich also, Ihren Sinnen
ein kleines Fitnessprogramm zu gönnen.*

Einen Rückzugsort finden

Der wertvollste Schatz, den man besitzen kann, ist ein wunderbarer
Rückzugsort, den man sich in seiner Gedankenwelt für sich allein
schafft. Ich nenne ihn auch den Glücksort. Es ist ein Ort der Harmonie, der Freude und des Friedens. Ein Ort, an dem Sie sich in
jeder Situation glücklich fühlen.

Am besten suchen Sie diesen Ort vor dem Einschlafen auf. Damit
machen Sie einen Gedankenstopp von all den Gedanken, die kreisen, vor allem von denen, die Sie vom Alltag mitschleppen. Ich
nenne das auch Hirnhygiene. Sie putzen sich ja auch die Zähne und
entfernen die Essensreste, gehen duschen, waschen sich dabei den
Staub und Schweiß vom Tag ab, um sich dann frisch ins Bett zu
legen. Aber all diese kreisenden Gedanken, ob gute oder schlechte,
legen Sie nicht ab, Sie nehmen sie einfach mit ins Bett und wundern sich, dass Sie nicht gut einschlafen können oder schlecht träumen. Wenn meine Klienten mit Einschlafstörungen sich an ihren
persönlichen Rückzugsort träumen, dauert es nie lange, bis sie ein-
geschlummert sind.

Der Glücksort

Die Gedanken sind zum Glück mietfrei, also dürfen Sie sich den Ort aussuchen, der für Sie persönlich der schönste auf der Welt ist. Vielleicht liegt er in einer verschwiegenen Bucht auf einer exotischen Tropeninsel, vielleicht handelt es sich um eine duftende Wiese, auf der nur Ihre Lieblingsblumen blühen, vielleicht befindet er sich auf einem Raumschiff, das um unseren schönen blauen Planeten kreist. Ihrer Fantasie sind keine Grenzen gesetzt. Natürlich können Sie sich von Zeit zu Zeit auch einen neuen Ort ausmalen: Das Leben verändert sich und die Plätze, an denen wir glücklich sind, auch. Statten Sie Ihren Ort in Gedanken mit allem aus, was Ihnen guttut, was Ihnen zu Harmonie und Frieden verhilft, und suchen Sie ihn auf, wann immer Ihnen danach ist.

Auch im hektischen Alltag kann man immer für ein paar Augeblicke dorthin fliehen und neue Kraft tanken. Wenn am Arbeitsplatz der Wahnsinn regiert, zieht man sich einfach für einen Moment auf die Toilette zurück, um einen kurzen Ausflug dorthin zu machen. Das gilt natürlich auch für jede Form von privatem Stress: Sobald Sie an Ihrem persönlichen Glücksort angekommen sind, hören die Gedanken auf zu kreisen, hat jeder Konflikt eine Auszeit. Das ist die beste Hygiene für das Gehirn. Der Aufenthalt an Ihrem Rückzugsort ist eine Kur für die Seele, die Sie sich von keiner Krankenkasse verschreiben lassen müssen.

Zeit für eine Bestandsaufnahme

Das Leben ist ein wenig wie das Fernsehprogramm, es besteht zum guten Teil aus Wiederholungen. Weil unser Gedächtnis Wiederholungen nicht abspeichert, haben wir mit der Zeit das Gefühl, die Jahre würden an uns vorbeirasen.

Die Sommerferien in der Kindheit sind eine kleine Ewigkeit gewesen, vollgepackt mit neuen Erlebnissen, der gleiche Zeitraum ist für einen Erwachsenen hingegen recht überschaubar. Wer mal in seinem Leben in eine andere Stadt zieht, stellt fest, dass sich die erste Zeit in der neuen Umgebung viel intensiver in das Gedächtnis prägt. Darum ist es sehr lohnend, sich regelmäßig mit neuen Dingen zu beschäftigen. Die Lieblingsbeschäftigung der Deutschen ist immer noch das Fernsehen, dicht gefolgt vom Internet, besonders bei den Jüngeren. Dabei gibt es so viele andere spannende Sachen zu entdecken. Oder um es mit den Worten von Kurt Tucholsky zu sagen: „Die größte Sehenswürdigkeit, die es gibt, ist die Welt – sieh sie dir an!"

Bestandsaufnahme

Zeit für eine kleine Bestandsaufnahme! Fertigen Sie eine Skizze von Ihrem jetzigen Leben an. Mit welchen Beschäftigungen ist Ihre Woche ausgefüllt, wie groß ist der Anteil von Privatem und Beruflichem, wie viel Raum nimmt die Familie ein, wie viel Platz bleibt für Freunde und persönliche Interessen?

Sie können die einzelnen Punkte aufzeichnen, dürfen Sie aber genauso gut hinschreiben. Sie können auch ein Balkendiagramm zeichnen, da steht dann z. B. 35 Stunden Arbeit, 35 Stunden Schlaf usw.

Betrachten Sie die einzelnen Anteile und denken Sie darüber nach, ob Sie die Gewichtung verändern wollen. Gibt es Dinge, die Sie streichen könnten?

Ich hatte einen Klienten, der jeden Abend vom Heimkommen bis zum Schlafengehen fernsah. Wir rechneten aus, dass er, wenn er so weitermacht, am Ende seines Lebens ein komplettes Jahrzehnt vor der Glotze verbracht haben wird. Ich würde nie auf die Idee kommen, jemanden das Fernsehen zu verbieten, ich gucke ja auch selbst gern von Zeit zu Zeit einen Film oder eine Serie, aber ich versuche meinen Klienten immer klarzumachen, wie wichtig es ist, seine Zeit bewusst und sinnvoll zu nutzen, denn Zeit ist das Kostbarste, was wir haben. Am Ende unseres Lebens werden wir keinen Gedanken auf das Geld verschwenden, das wir womöglich mal vergeudet haben, aber um die Zeit, die wir verschwenden, wird es uns dagegen unendlich leid tun.

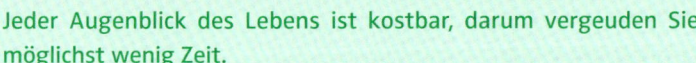

Jeder Augenblick des Lebens ist kostbar, darum vergeuden Sie möglichst wenig Zeit.

Was macht mein Leben gerade aus?

Schreiben oder malen Sie Ihr Leben auf, wie es momentan ist: Wie ist Ihr Tagesablauf, Ihre Woche, Ihr Monat, wie viel Zeit verwenden Sie für welche Dinge? Lassen Sie sich Zeit. Manchmal kommt jeden Tag noch etwas dazu, weil einem erst nach und nach bewusst wird, womit wir unsere Zeit noch so verbringen. Und dann lassen Sie das einfach wirken. Nehmen Sie es erst einmal an, so, wie es ist!

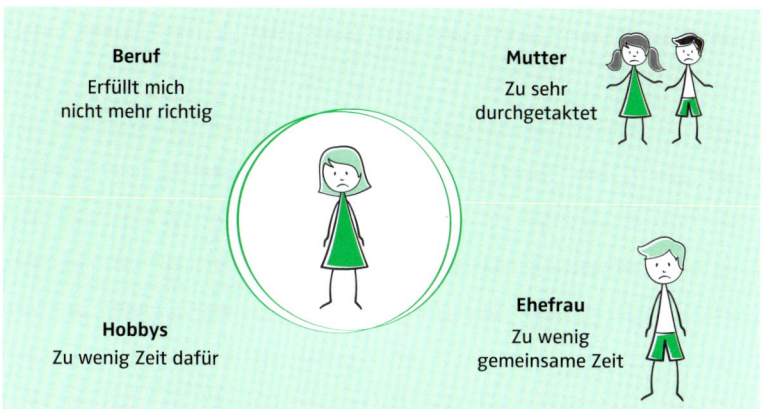

Schreiben oder zeichnen Sie, was Ihr Leben gerade ausmacht: Wer hat welchen Platz darin, welchen Pflichten müssen Sie regelmäßig nachkommen, was machen Sie in Ihrer Freizeit? Wieviel Zeit verbringen Sie mit welchen Tätigkeiten? Was macht Sie zufrieden und was unzufrieden? (Um genug Platz zu haben, schreiben Sie Ihre Kommentare außerhalb der Blase auf.)

Meine Wünsche – wie hätte ich mein Leben am liebsten?

Hier können Sie ganz kreativ werden. Schreiben oder malen Sie alles auf, was Sie sich vom Leben wünschen: wie Ihr Leben aussehen soll, was Sie gern erleben, was Sie fühlen möchten, was Sie schon immer mal machen wollten. Freizeitaktivitäten, von Tanzen bis Schachspielen oder ein Buch schreiben, noch einmal studieren oder eine Umschulung starten. Welche Wünsche haben Sie noch? Mit was oder mit wem würden Sie gern mehr Zeit verbringen?

Lassen Sie Ihrer Fantasie freien Lauf. Auch hier haben Sie alle Zeit, lassen Sie es immer wieder wirken. Das ist ein Prozess, der sich entwickelt. Es kann immer etwas dazukommen oder wegfallen.

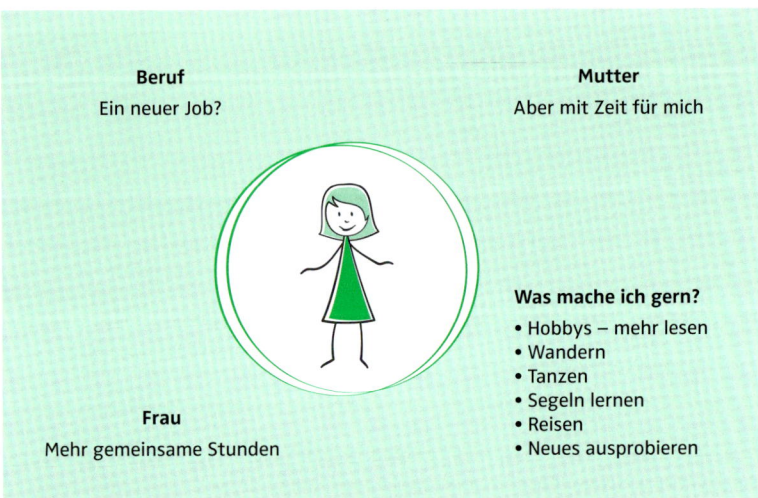

Und nun schreiben oder malen Sie alles auf, was Sie sich vom Leben wünschen, wie Ihr Leben aussehen soll. Was wollten Sie schon immer mal ausprobieren, haben es aber weggeschoben oder vielleicht sogar vergessen? Kramen Sie es wieder hervor. Wie fühlt sich mein Leben gut an? Wie kann ich mein persönliches Gleichgewicht auch in der Familie finden?

Fahrtenbuch für die Seele: Jeden Tag Bilanz ziehen

Menschen, die knapp bei Kasse sind, hilft ein Kassenbuch. Denn wenn man über einen längeren Zeitraum über seine Einnahmen und Ausgaben Buch führt, stellt man genau fest, wo die Defizite liegen und wie man besser haushalten kann. Mit dem Seelenleben ist es nicht anders. Darum ziehen Sie jeden Tag ganz kurz Bilanz: Was hat mir heute gutgetan, was hat mir nicht gutgetan? Schreiben Sie auf, mit wem Sie gern zusammen waren und wessen Gesellschaft Ihnen nicht so behagt hat. Und am Ende des Monats ziehen Sie Bilanz. Versuchen Sie im darauffolgenden Monat, den Dingen, die

Ihnen guttun, mehr Raum zu geben und die, die Ihnen nicht guttun, zu vermeiden. Oft sind es kleine Veränderungen, die Großes bewirken.

Eine Klientin erzähle mir von einer Freundin, mit der sie sich regelmäßig einmal die Woche traf. Diese Freundin war das, was man auf Neudeutsch einen Energiefresser nennt. Vor allem war sie jemand, der die eigenen Themen zu den Themen der anderen macht. Die Klientin erzählte: „Hatte meine Freundin Probleme mit ihrem Partner, mäkelte sie an meinem rum, war sie mit ihrer Wohnsituation unzufrieden, fing sie an, mir meine Wohnung madig zu machen, plagten sie Zukunftsängste, redete sie mir ein, ich wäre von Altersarmut bedroht. Jedes unserer Treffen hinterließ ungute Schwingungen bei mir. Trotzdem wollte ich nicht mit ihr brechen, ich habe einfach beschlossen, sie seltener zu sehen. Wenn sie wieder das Lamentieren anfing, ließ ich länger nicht von mir hören, wenn wir einen unbeschwerten Abend hatten, schickte ich ihr am nächsten Tag eine Nachricht, dass ich mich auf das nächste Treffen freue. So ging es für mich, aber letztendlich bin ich froh, dass sie inzwischen mit ihrem neuen Freund nach Amerika gegangen ist."

Wenn man Buch über sein Seelenleben führt, findet man Dinge über sich heraus, die eigentlich offensichtlich sein sollten, die man aber doch nicht sieht. Eine Klientin von mir hing wahnsinnig an ihrem Cabrio. Eines zu besitzen war immer ihr großer Traum gewesen, und als sie es sich endlich leisten konnte, war sie glücklich – aber nur scheinbar. Als sie eine Weile Tagebuch geführt hatte und ihre Einträge betrachtete, musste sie feststellen, dass das geliebte Cabrio andauernd Anlass zu größtem Ärgernis bot. Es verging nicht eine Woche, in der es nicht auf der Negativ-Seite ihrer Seelenbilanz auftauchte: Reparaturen, neidvolle Kommentare, hässliche Beulen, teure Knöllchen, das ganze Programm. Also trennte sie sich wieder davon und stellte fest: Mit Statussymbolen ist es wie mit dem Sex, manche Dinge machen nur in der Phantasie richtig Spaß.

 Ziehen Sie regelmäßig Bilanz: Tut mir das gut oder kann das weg?

Was kann ich tun, um auf meinem Kurs zu bleiben?

Einmal erzählte ein Klient, der unter Burn-out litt, von seinem beruflichen Lebenslauf. Bei seinem Arbeitgeber hatte er sich vom ersten Tag an nicht wohlgefühlt, aber als er wieder kündigen wollte, sagte sein Vater, dass sich eine Kündigung nach so kurzer Zeit schlecht im Lebenslauf machen würde und er zwei Jahre durchhalten sollte. Inzwischen war er 22 Jahre in dem Unternehmen und fühlte sich noch immer nicht wohl. Aber es gab immer Gründe, doch zu bleiben, egal wie unwohl er sich dabei fühlte.

Einen Job zu kündigen ist für viele ein großer Einschnitt. Auch wenn es nicht schön ist, wer sagt einem denn, dass es im neuen Job womöglich nicht noch schlimmer ist? Eine Sicherheit gibt es natürlich nicht. Doch um hier Albert Einstein zu zitieren: „Die reinste Form des Wahnsinns ist es, alles beim Alten zu lassen und gleichzeitig zu hoffen, dass sich etwas ändert." Darum: Haben Sie den Mut, den entscheidenden Schritt zu tun. Das Leben bietet ein riesiges Buffet voller Möglichkeiten. Bedienen Sie sich und ergreifen Sie Ihre Chance!

Sich auf das wirklich Wichtige konzentrieren

Im Moment findet in unserer Gesellschaft ein bedeutender Wertewandel statt. Der jungen Generation ist manches, was ihren Eltern noch unverzichtbar schien, nicht wichtig. Autos etwa gelten vielen der Zwanzigjährigen nicht mehr als Statussymbol, sie kommen entweder ganz ohne aus oder benutzen ein Vehikel, das nur aus praktischen Gründen angeschafft wurde und keinerlei Ausweisfunktion mehr hat. Und so ist es in vielen anderen Bereichen auch. Was auch immer der wirkliche Grund für den Verzicht sein mag, in jedem Fall finde ich es eine gute Idee, mit leichtem Gepäck durchs Leben zu reisen.

Es gibt Statistiken, die besagen, dass jeder Deutsche 10 000 Dinge besitzt. Eine unvorstellbare Zahl, aber wenn man sich mal im eigenen Haushalt umsieht, wird einem schnell klar, dass diese Zahl keineswegs aus der Luft gegriffen ist. In der Generation Y, den um die Jahrtausendwende geborenen Millennials, gibt es eine Bewegung, die ihren persönlichen Besitz auf hundert Gegenstände reduzieren will. Kein schlechter Gedanke, wenn man sich überlegt, wie wenige von den tausenden Dingen, die wir besitzen, wir tatsächlich brauchen und wie viel Ballast sich im Laufe der Jahre bei uns ansammelt.

Vor allem muss man sich fragen, wie es dazu gekommen ist, dass wir so viele Dinge besitzen. Einer der wichtigsten Gründe dafür, dass wir einkaufen gehen, ist, dass wir uns für etwas belohnen wollen – sehr oft dafür, dass wir wieder mehr gearbeitet haben, als gut für uns ist. Darum sollten wir versuchen, unser Leben so zu gestalten, dass es gar keiner Belohnung bedarf, sondern dass jeder Tag, den wir erleben, Belohnung genug ist. Das Kostbarste, das wir besitzen können, sind unsere Erinnerungen. Am Ende unseres Lebens werden wir nicht mehr an die vielen Schnäppchen zurückdenken, die wir gemacht haben, sondern an die Momente, in denen wir das Leben gelebt und nicht konsumiert haben.

 Sammeln Sie Erlebnisse, nicht Dinge.

Öfter mal offline gehen: Ausschalten ist erlaubt

Wenn man heute in eine U-Bahn steigt, wird man feststellen, dass fast drei Viertel aller Fahrgäste auf ihr Smartphone schauen. Das Smartphone ist für die allermeisten zu einem unverzichtbaren Teil des Lebens geworden. Aus gutem Grund, denn es macht unser Leben in vielen Situationen einfacher. Wir brauchen uns nichts mehr zu merken, denn wir können praktisch von überall jede wichtige Information abrufen, es unterhält uns, wenn uns langweilig ist, es hält uns auf dem Laufenden über die Ereignisse in der Welt – und das fast in Echtzeit. Wir brauchen auch niemanden mehr nach dem Weg zu fragen, Siri weiß, wo es langgeht.

Doch natürlich gibt es ein Aber, und zwar ein recht großes. Ich tauche in die virtuelle Welt ab wie beim Schnorcheln. Ich bekomme nicht mehr mit, was um mich herum passiert, ich bekomme das Leben um mich herum nicht mehr mit. Ich kapsele mich ab in meiner digitalisierten Welt. Und manch einer hat schon bemerkt, dass es sich wie in Watte gehüllt anfühlt, wenn man wieder auftaucht. Ein ganz erschreckender Trend, der nicht nur das Kennenlernen auf offener Straße oder in der Bahn erschwert, sondern überhaupt das In-Kontakt-Gehen und -Kommen mit anderen Menschen. Wie viele Paare lernen sich heute nicht über das Internet kennen? Ein

Whatsapp-Chat kann kein Treffen mit den Freunden ersetzen, auch wenn er mit noch so vielen tollen Emoticons ausgeschmückt ist. Mit einem Glas Prosecco anzustoßen und dabei die Gefühle vom Gesicht seines Gegenübers abzulesen, ist einfach etwas ganz anderes.

Ähnliches gilt auch fürs Fernsehen. Sehr viele Menschen achten sehr genau darauf, was sie essen. Bevor etwas in unseren Bauch kommt, denken wir darüber nach, ob uns das auch guttut. Ganz anders ist das bei den Dingen, die wir in unseren Kopf lassen. Achtlos setzen wir uns vor den Fernseher oder lassen uns in einer Online-Videothek berieseln, mit Dingen, die uns nicht guttun. Eine Freundin von mir schaut regelmäßig vor dem Schlafengehen eine Zombie-Serie und wundert sich, dass sie schlecht schläft. Ähnlich verhält es sich mit den News, die wir rund um die Uhr ungefiltert aufnehmen. Leider passiert fast jeden Tag irgendwo auf der Welt etwas Schreckliches, und so kommt man schnell auf die Idee, in einer schlechten Welt zu leben. Dabei gibt es auch jede Menge gute Menschen, doch deren Geschichten lassen sich in den Medien nur schlecht verkaufen.

Gewöhnen Sie sich an, nicht gedankenlos die Medien zu konsumieren. Genauso wie man abends nach dem Zähneputzen keine Schokolade mehr futtert, kann man sich auch angewöhnen, ab einer bestimmten Uhrzeit keine schlechten Gedanken und Nachrichten mehr in seinen Kopf zu lassen. Legen Sie sich mal wieder ein gutes Buch auf den Nachttisch. Oder gehen Sie innerlich an Ihren Glücksort und sorgen so für sich und begeben sich vor dem Einschlafen in eine schöne Gedankenwelt.

Achten Sie darauf, mit welchen Informationen Sie Ihr Gehirn füttern und tauchen Sie weniger oft in die digitale Welt ab.

Berufliche Veränderungen wagen

Egal wie unzufrieden man mit seiner privaten oder beruflichen Situation auch ist, den allermeisten fällt es wahnsinnig schwer, etwas zu ändern. Ganz oft höre ich in meiner Praxis: „Ich würde ja gern noch mal von vorne anfangen, aber jetzt bin ich zu alt dafür." Und das sagen nicht etwa nur Vierzig- oder Fünfzigjährige, der Jüngste, von dem ich den Satz gehört habe, war gerade 27 geworden.

Ich kann nur immer wieder sagen: Es gibt kein größeres Risiko, als sein Leben mit einem Beruf zu verbringen, mit dem man nicht glücklich ist. Etwas Neues zu probieren ist immer ein Wagnis, die Möglichkeit des Scheiterns kann man dabei nie ausschließen. Aber nichts zu ändern ist auch keine Lösung. Wer in seinem Job unglücklich ist, läuft größere Gefahr, ihn zu verlieren, als jemand, der mit voller Motivation bei der Sache ist. Und wenn man in einer Beziehung unglücklich ist, dann ist die Wahrscheinlichkeit groß, dass es dem Partner auch nicht anders geht und er einen womöglich selber verlässt. Mit anderen Worten: Das Bestehende, an das wir uns klammern, gibt uns nur eine trügerische Sicherheit. Besser also, man bewegt sich selbst, bevor es andere für einen tun.

Wer sich verändern möchte, sollte sich zunächst einmal folgende Fragen stellen: Was würde ich gern tun? Und dann: Was bin ich bereit, dafür einzusetzen? Wenn der Job, den wir gern machen würden, eine höhere Qualifikation verlangt, als wir haben, gibt es die Möglichkeit, Fortbildungen zu machen. Abitur und Studienabschlüsse lassen sich auch neben dem Beruf nachholen. Das erfordert natürlich einen großen persönlichen Einsatz, und Sie müssen sich fragen, ob Sie bereit sind, über Jahre auf einen guten Teil Ihrer Freizeit zu verzichten.

Wer es aber schafft, stellt fest, das gerade ältere Absolventen von Unis bei Arbeitgebern viel begehrter sind als die junge Konkurrenz, weil sie den Arbeitsalltag kennen und wissen, wie Unternehmen funktionieren. Und mit dem Studium auf dem zweiten Bildungsweg haben Sie außerdem nachgewiesen, dass Sie einen großen Ehrgeiz haben. Für eine ganz neue Karriere braucht es aber nicht unbedingt ein Studium. Gerade die Frauen in meinem Bekanntenkreis haben ein großes Talent, sich ständig neu zu erfinden. Dabei schöpfen sie aus ihren privaten Interessen. Da wird dann aus der Leidenschaft für Yoga ein Geschäftsmodell, aus Ärger über zu teure und unpraktische Kindermode ein eigenes Label, aus der Freude am Netzwerken ein eigenes Internetportal. Natürlich erfordert ein eigenes Geschäft auch einen sehr hohen Arbeitseinsatz und natürlich auch einiges an Geld. Doch gerade was die Finanzierung angeht, gibt es z. B. dank Crowdfunding spannende neue Möglichkeiten.

Wie Sie Ihr Geschäft am besten aufziehen, können Ihnen andere natürlich viel besser erklären. Ich kann Ihnen dafür aber sagen, mit welcher Einstellung Sie sich in Ihr neues Projekt stürzen sollten, um erfolgreich zu sein. Egal was Sie Neues anfangen, sehen Sie zu, dass all Ihre Aktivitäten von positiven Gedanken begleitet werden. Es wird immer warnende Stimmen in Ihrem Umfeld geben, die sagen, dass das, was Sie vorhaben, nicht funktionieren kann. Vertrauen Sie nur auf sich selbst und tun Sie, was Sie für richtig halten.

Versuchen Sie, sich Ihr Vorhaben immer zu visualisieren. Die Freundin mit der Yoga-Schule erzählte mir, dass sie lange, bevor sie überhaupt einen Raum gefunden hatte, schon wusste, wie er aussehen würde. Besonders wenn es bei den Vorbereitungen Hindernisse aus dem Weg zu räumen galt, stellte sie sich die lächelnden Gesichter ihrer zukünftigen Schüler vor. Das gab ihr die Kraft, mit allen Schwierigkeiten klarzukommen. Ihr Mann war ihr keine große Hilfe: Wenn sie darüber sprachen, murmelte er meistens etwas von esoterischem Quatsch. Seit er ihren zweiten Jahresabschluss gesehen hat, hat sich seine Meinung allerdings gründlich geändert.

Natürlich ist es wichtig, dass man seine Mühen angemessen honoriert bekommt. Aber man sollte das Geld auf keinen Fall zum alleinigen Maßstab bei der Entscheidung für einen neuen Job oder eine Karriere als Unternehmer in eigener Sache machen. Ein Uniprofessor sagte mal zu seinen Studenten: „Sucht euch den Job nicht nach dem höheren Gehalt aus, sondern macht das, worauf ihr Lust habt – und ihr werdet Erfolg haben." Viel wichtiger ist, dass wir mit dem, was wir tun, zufrieden sind. Ein Job, in dem man sich bis zum Burn-out abrackert, lässt sich durch kein Geld der Welt aufwiegen, aber jeden Morgen aufzustehen und sich darauf zu freuen, was man tut, ist ein unbezahlbares Gefühl.

 Es ist nie zu spät für einen Neustart.

Schluss machen

Gerade wenn es in der Partnerschaft kriselt, sind wir mit unseren Gedanken oft in der Vergangenheit. Wir erinnern uns an die schönen gemeinsamen Zeiten und trösten uns damit über die trostlose Gegenwart hinweg. Aus meiner Praxis kenne ich zahllose Gründe, warum Menschen an einer Partnerschaft festhalten, die ihnen alles andere als guttut.

Auch hier steht wieder die Angst vor Veränderungen ganz oben auf der Liste: Wie wird es mir allein ergehen? Werde ich überhaupt noch einen neuen Partner finden? Ganz besonders schwerwiegend ist es natürlich, wenn sich Familien mit Kindern trennen. Eine Klientin von mir führte über Jahre eine unerträgliche Ehe mit einem Mann, der vollkommen gefühlskalt war und sie auch sonst nach Kräften schlecht behandelte. Doch wegen der Kinder wollte sie ihn einfach nicht verlassen. Dabei bedenken Paare, die aus Rücksicht auf ihre Kinder zusammenbleiben, eines nicht: Den Kindern ist keinesfalls damit geholfen, wenn ihre Eltern unglücklich miteinander sind. Und Unglück ist etwas, das man vor Kindern nicht verbergen kann, so sehr sich viele da auch disziplinieren mögen. Kinder haben sehr feine Antennen dafür, was in ihrem Elternhaus vorgeht. Wenn Eltern ihren Kindern eine dysfunktionale Ehe vorleben, ist die Wahrscheinlichkeit nicht gering, dass die Kinder es ihnen später einmal nachmachen.

> **Es gibt keinen Grund auf der Welt, eine schlechte Beziehung aufrechtzuerhalten.**

Fehler zulassen

Es gibt niemanden, der keine Fehler macht. Besonders erfolgreiche Menschen machen sogar besonders viele Fehler. Ich erlebe immer wieder Klienten in meiner Praxis, die sich ihre Fehler nicht verzeihen können und unglaublich unter allem leiden, was sie vielleicht auch nur vermeintlich falsch gemacht haben. Nächtelang liegen sie wach im Bett, weil sie die Erinnerung daran peinigt. Man wird immer verkrampfter, traut sich immer weniger zu, geht Situationen aus dem Weg, in denen man wieder etwas falsch machen könnte. Fehler sind einfach ein willkommenes Fressen für den inneren Kritiker, da kann er seinen Zeigefinger dann ganz weit in die Luft recken und unser Selbstbewusstsein so richtig in Grund und Boden stampfen.

Um ihm den Wind aus den Segeln zu nehmen, müssen wir lernen, Fehler als etwas Selbstverständliches zu akzeptieren – bei uns und bei anderen auch. Je selbstverständlicher wir mit den Fehlern, die wir machen, umgehen, desto weniger Ärger verursachen sie. Und ich würde sogar noch weitergehen: Begrüßen Sie Fehler, denn nur durch Fehler können Sie lernen. Im Grunde entwickeln wir uns nur dadurch weiter. Eine 40-Jährige, die Fehler gemacht hat und gelernt hat, damit umzugehen, steht anders da als eine 40-Jährige, die nie Fehler gemacht hat, immer allem ausgewichen ist oder alles abgegeben hat. Die Erfahrung, mit Fehlern umzugehen, macht uns im Leben stärker und gelassener. Also sind Fehler so gesehen doch etwas sehr Positives.

Viele Menschen haben große Probleme damit, einen Fehler zuzugeben, weil sie fürchten, man würde ihnen das als Schwäche auslegen. Dabei ist das Gegenteil der Fall. Zugeben können, dass man sich geirrt hat, ist tatsächlich ein Zeichen von Stärke. Der meiste Ärger mit Fehlern resultiert daraus, dass wir versuchen, Fehler zu verbergen oder zu rechtfertigen. Es gibt keinen Grund dafür. Fehler sind dazu da, dass man daraus lernt. Die neue Arbeitswelt macht sich das sogar bei einem gerade zur Lösung von kreativen Aufgaben gern eingesetzten Arbeitsmodell zunutze. Beim „Design Thinking" werden die Teilnehmer sogar ermutigt, Fehler zu machen, weil sie einen auf dem Weg zu richtigen Lösungen schneller voranbringen können. Das Einzige, was man vermeiden sollte, ist, den gleichen Fehler immer wieder zu begehen.

Machen Sie Fehler und stehen Sie dazu, das ist ein Zeichen Ihrer Stärke.

Negative Gedanken verbannen

Wer kennt das nicht: Es ist ein schöner Tag, die Sonne scheint, alles ist gut – und dann taucht plötzlich ein Gedanke auf, der uns die gute Laune verhagelt. Vielleicht weil wir gerade an dem Ort vorbeigekommen sind, wo wir mit dem Ex einmal gelacht haben, vielleicht hat uns irgendetwas an das blöde Gespräch mit dem Chef erinnert, vielleicht hat eine Beobachtung uns eine unschöne Kindheitserinnerung ins Gedächtnis zurückgerufen.

Negative Gedanken können uns ganz schön quälen. Der eine löst den nächsten aus, vom letzten Ex schweifen wir zum vorletzten ab, dann denken wir über den Ärger bei der Arbeit nach, schließlich fällt uns dann womöglich auch noch der Ärger damals in der Schule ein. Dabei lässt sich dieser Teufelskreis der negativen Gedanken schnell unterbinden. Das Programm in unserem Kopf ist ein wenig wie ein Fernseher, bei dem wild durch die Programme gezappt wird. Da sind schöne Bilder und weniger schöne. Wenn wir an einer weniger schönen Stelle hängenbleiben, müssen wir den Reset-Button drücken, einfach indem wir ein paarmal ganz bewusst durchatmen. Schauen Sie sich dazu noch mal die Übungen im ersten Teil des Buchs an. Nach einer kurzen Meditationspause ist der Speicher wieder frei und Sie können zu anderen, angenehmeren Themen übergehen.

Ich hatte eine Klientin, die geradezu besessen von dem Gedanken war, sie würde alles kaputt machen: die Dinge, an denen sie hing, genau wie die Beziehungen zu den Menschen, die sie liebte. Wenn sie jemanden traf, der ihr gefiel, war ihr erster Gedanke: Ich werde es wieder gründlich versauen. Das Fatale an solchen Prophezeiungen ist: sie erfüllen sich oft. Wer damit rechnet, mit den neuen, gefährlich hohen Stöckelschuhen umzuknicken, dem passiert das auch viel häufiger als jemandem, der einfach damit losspaziert. Bei einem neuen Partner sucht man immer nach Anzeichen für Fehler, die man gemacht haben könnte, man fängt an, aus Mücken Elefanten zu machen, und glaubt nach dem ersten Streit, das wäre das Ende, wo doch in Wahrheit der Streit ein ganz normaler Bestandteil auch der glücklichsten Beziehung ist.

> Wer negativ denkt, macht mehr negative Erfahrungen.

Erinnerungen unter die Lupe nehmen

Wie in einem vorangegangenen Kapitel bereits erwähnt, befindet sich unser Geist selten dort, wo wir gerade sind. Oft beschäftigt er sich mit Erinnerungen aus der Vergangenheit. Dabei können uns Erinnerungen oft trügen. Meist waren die Dinge ganz anders, als wir sie in unserem Gedächtnis abgespeichert haben. Zum einen hat das menschliche Gedächtnis die Angewohnheit, Dinge im Nachhinein in einem besseren Licht dastehen zu lassen. „Erinnerung schreibt mit goldener Feder", heißt eine typische Großmutterweisheit.

Ein typisches Beispiel ist der Urlaub. Die ganzen Ärgernisse, die wir während der „wertvollsten Wochen" des Jahres erlebt haben, werden nach und nach ausgeblendet. Das Essen, über das wir uns am Urlaubsort geärgert haben, ist vergessen, in der Erinnerung bleibt das gute Glas Wein. Der Sonnenuntergang von damals zaubert uns ein Lächeln aufs Gesicht, weil wir den Discolärm, von dem er untermalt wurde, längst vergessen haben. Ganze Phasen unseres Lebens erscheinen uns im Nachhinein in einem ganz neuen Glanz. Trifft man sich mit alten Schulfreunden oder Studienkollegen, erinnert man sich gemeinsam nur an die lustigen Begebenheiten, selbst mit Wegbegleitern, die einen womöglich damals gemobbt haben.

Eigentlich ist es wunderbar, dass die Erinnerung bei den meisten so funktioniert. Aber das kann auch zur Falle werden, gerade wenn es um Beziehungen geht. Ich hatte schon mit vielen Fällen zu tun, wo Frauen zu Partnern zurückgekehrt sind, die ihnen überhaupt nicht gutgetan haben, einfach weil sie sich nur an die gemeinsamen schönen Momente erinnert haben, und alles, was zum Ende der Beziehung geführt hatte, einfach ausblendeten. Vielen Männern wird es sicher ähnlich gehen.

Es kommt aber auch vor, dass unsere Erinnerungen nicht zu rosig, sondern zu finster sind. Der innere Kritiker kramt gern in der Erinnerung, um seine Vorhaltungen zu untermauern, und stellt Dinge so dar, wie er es gerade brauchen kann: „Das hat doch noch nie geklappt, weißt du nicht mehr, damals?" Ein Unternehmensberater, der mich wegen eines drohenden Burn-outs über einen ganzen Zeitraum konsultierte, redete immer wieder davon, wie er sich in verschiedensten Situationen unglaublich blamiert hatte. Die von ihm geschilderten Situationen schienen mir überhaupt nicht blamabel, da ich aber nicht dabei war, konnte ich das natürlich nicht beurteilen. Bis er dann eines Tages erzählte: „Als ich das erste Mal bei Ihnen war, da habe ich mich ja auch gleich unsterblich blamiert." Ich kramte in meinem Gedächtnis und konnte mich an nichts erinnern. Da erzählte er, dass er nach unserer ersten Sitzung mit dem Ärmel seines Mantels um ein Haar eine Vase mit einer Orchidee umgeworfen hätte. Ich konnte mich noch gut an die Sitzung erinnern, nur nicht daran – und selbst wenn, als Blamage hätte ich es sicher nicht empfunden. Danach stieg ich mit ihm noch einmal tiefer in seine anderen „blamablen" Erinnerungen ein, und auch hier stellte sich heraus, dass diese mit ziemlicher Sicherheit exklusiv in seinem Gedächtnis als solche abgespeichert waren, aber bei keinem anderen Beteiligten.

Erinnerungen können sehr trügerisch sein.

Das Hier und Jetzt zum schönsten Ort machen

Sehr viele Menschen verorten ihr Glück an einem Ort in der Zukunft. Wenn nur endlich der ätzende Chef weg wäre, wenn der nächste Urlaub schon da wäre, wenn mein Geliebter seine Frau verlassen würde, wenn man mal Glück im Lotto hätte ..., ja dann, dann wäre alles gut. Wenn ich so etwas von Klienten höre, und ich höre solche Sätze fast täglich, dann sage ich: „Vergessen Sie die Zukunft, arbeiten wir lieber daran, dass jeder Tag gut wird, auch mit ätzendem Chef und ohne Sechser im Lotto."

Die Projektionen auf die Zukunft lassen uns übersehen, was schon alles gut ist in unserem Leben. Und nur, wenn wir das Hier und Jetzt zu unserem Freund machen, wird sich auch etwas zum

Positiven ändern. Wenn wir in uns selbst ruhen, ist das die beste Voraussetzung dafür, dass sich die Dinge zum noch Besseren wenden. Dann haben wir auch die Kraft, Dinge zu ändern. Wer einer unschönen privaten oder beruflichen Situation entflieht und nicht mit sich selbst im Reinen ist, für den ist die Gefahr groß, dass er sich in der neuen Situation ähnlich unwohl fühlt. Darum müssen wir alles daransetzen, dass das „Jetzt" für uns zum schönsten Platz auf der Welt wird, und nicht die Zukunft.

> **Vergessen Sie die Zukunft, verbessern Sie das Jetzt.**

Über unser Glück dürfen wir nie die Vergangenheit oder Zukunft entscheiden lassen. Was zählt, ist allein das Heute. Jeder von uns hat in der Vergangenheit Enttäuschungen erlebt: in Beziehungen, bei der Arbeit, im Freundeskreis und in der Familie. Um unbeschwert seinen Weg weitergehen zu können, ist es von allergrößter Wichtigkeit, dass wir diese Enttäuschungen verarbeiten. Ich habe so viele Klienten, die sich Tag für Tag ihr Leben von Ereignissen verderben lassen, die Jahre zurückliegen. Darum ist es so wichtig, diese Ereignisse abzuschließen und hinter sich zu lassen. Wenn es sich aber um traumatische Erlebnisse und Erinnerungen handelt, empfiehlt es sich, einen Therapeuten aufzusuchen.

Natürlich sind aber nicht alle Erlebnisse so schwerwiegend. Jeder Mensch trägt Erinnerungen mit sich herum, die weniger schön sind. Wir alle tendieren dazu, Unangenehmes auszublenden und zu verdrängen, was ein natürlicher Schutzmechanismus ist. Doch wenn wir bestimmte Themen wieder und wieder verdrängen, kommen sie immer wieder wie ein Bumerang zurück.

Ein bestimmtes Verhalten hat uns bei einem ehemaligen Partner verletzt, viele Jahre später meinen wir, bei einem neuen Partner ein ähnliches Verhalten zu entdecken, werden von unseren schlechten Erinnerungen verunsichert und kreiden dem neuen Partner unter Umständen etwas an, dass er gar nicht zu verantworten hat.

Lassen Sie alte Geschichten nicht Ihr neues Leben beeinflussen.

Genauso lassen sich Menschen von Gedanken an die Zukunft ihren Tag verderben. Ich höre immer wieder von Klienten, die beruflich unter so großem Druck stehen, dass sie allerspätestens am Sonntagmittag gedanklich schon wieder bei der Arbeit sind. Wir sollten versuchen, immer im Hier und Jetzt zu sein, und schätzen lernen, was gerade ist. Wir können nur im Jetzt leben. Die Zukunft kann man planen, aus der Vergangenheit kann man Erfahrungen mitnehmen, aber im Jetzt leben wir.

Einfach mal aufmerksam dem Vogelgezwitscher lauschen, statt darüber nachzudenken, was wohl werden wird – es zählt einzig und alleine, was gerade ist. Wer dem Jetzt nicht die gebührende Achtung erweist, der lebt am Leben vorbei. Natürlich halten uns immer wieder Gedanken an das Gestern und das Morgen in ihrem Bann. Das beste Mittel dagegen sind Meditationsübungen, wie ich sie auf S. 134 vorgestellt habe. Atmen Sie tief durch, konzentrieren Sie sich nur auf Ihren Atem, finden Sie in Ihre Blase zurück. Und wenn Sie das ein paar Minuten getan haben, öffnen Sie sich für den gegenwärtigen Augenblick.

Man muss aufhören, von Ereignissen zu träumen, die von außen kommen und das Leben verändern. Der Klassiker ist natürlich der Lottogewinn. Wer hat sich nicht schon vorgestellt, wie es wäre, plötzlich ungezähltes Geld zu besitzen, mit dem man sich alles leisten kann? Dabei sind die tatsächlichen Veränderungen dann gar nicht so weltbewegend. Bei einer Untersuchung von Millionengewinnern stellte sich heraus, dass deren Glück tatsächlich gerade mal ein Jahr vorhielt. Auch wenn das Geld noch nicht aufgebraucht war, waren sie nach Ablauf eines Jahres exakt wieder in derselben Gemütsverfassung wie vor ihrem großen Gewinn.

Auf einen Partner zu warten, der die Welt in einen einzigen blühenden Rosengarten verwandelt, ist nichts anderes als romantischer Selbstbetrug. Wir dürfen nicht andere für unser Glück verantwortlich machen, es gibt nur eine Person, die dafür die Verantwortung trägt: wir selbst.

Darum müssen wir lernen, den jetzigen Moment zu genießen und auszukosten. Wir müssen uns klar darüber werden, dass unser Leben der größte Lottogewinn ist. Die Chance unserer Zeugung war 1 : 500 000 000! Eine halbe Milliarde Spermien ist ursprünglich ins Rennen gegangen, und wäre eine andere eher ans Ziel gekommen und hätte die Eizelle befruchtet, würde es uns heute gar nicht geben. Damit hört unser Glück aber noch gar nicht auf, immerhin haben wir auch noch an einem Platz das Licht der Welt erblickt, an dem Frieden und Wohlstand herrschen. Unsere Groß- und Urgroßeltern haben es bei Weitem nicht so gut getroffen. Und ein großer Teil der Menschheit, mit dem wir uns heute unseren schönen Planeten teilen, auch nicht. Die glücklichen Umstände unseres Lebens müssen wir uns einfach mal öfter bewusst machen. Und wir müssen lernen, die kleinen Dinge, die jeder Tag für uns bereithält, zu genießen und die Wunder, die uns umgeben, wahrzunehmen. Die ersten Blüten nach einem frostigen Winter, die ersten Sonnenstrahlen, die uns ein entspanntes Lächeln auf das Gesicht zaubern, all das ist mehr wert als jeder Lottogewinn.

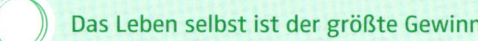

Das Leben selbst ist der größte Gewinn.

Sich Ziele setzen

Der Mensch braucht Ziele und einen Sinn im Leben. Ziele tragen uns durch unser Leben. Dabei können sie sich immer wieder ändern und neu definiert werden, schon weil manche Ziele sich bei genauerer Betrachtung als gar nicht so erstrebenswert erweisen, sei es der Job, der einem so verheißungsvoll erschien oder ein möglicher Partner, der sich bei näherem Hinsehen als gar nicht so traumhaft erweist. Im Amerikanischen gibt es das Sprichwort: „Be careful what you wish because you might get it", also: Sei vorsichtig mit dem, was du dir wünschst, denn du könntest es am Ende bekommen. Das Wichtigste ist nicht, sich wahnsinnig hohe und glanzvolle Ziele zu setzen, sondern Freude zu haben beim Erreichen. Ein Freund hat mal gesagt: „dem Ziel entgegentänzeln". Das beschreibt wunderbar die Leichtigkeit und Begeisterung, die man braucht, um seine Ziele zu erreichen.

Ich erlebe immer wieder, dass Menschen sich viel zu unrealistische Ziele im Leben setzen, oder die Ziele anvisieren, weil sie glauben, anderen damit imponieren zu können. Träumen ist natürlich erlaubt, aber bei manchen verschwimmt die Grenze zwischen einem Tagtraum und einem tatsächlichen Lebensziel. Man darf sich nichts vormachen, auch wenn es immer wieder Menschen gibt, die märchenhaft reich werden. Gleiches gilt für die Partnerwahl. Mister Perfect gibt es eigentlich nur in Hollywood-Filmen, und perfekt ist der dann auch nur auf der Leinwand und nicht im wirklichen Leben. Es gibt aber sehr wohl jemanden, der perfekt für uns ist, auch wenn er vielleicht nicht wie Brad Pitt oder Angelina Jolie aussieht. Überzogene Idealvorstellungen sind ein Grund dafür, warum viele Menschen immer unzufrieden sind, denn wir neigen leider dazu, uns immer an denen zu orientieren, die es scheinbar noch besser erwischt haben – ohne tatsächlich zu wissen, wie es hinter den glitzernden Fassaden wirklich aussieht.

Für eine Klientin war es der größte Traum, Anwältin zu werden. Sie absolvierte das Studium mit Bravour, doch als sie dann dauernd Menschen vertreten musste, die teilweise ziemliches Unrecht begangen hatten, entwickelte sie regelrecht eine Phobie gegen ihren Job und war verzweifelt. Wir gingen zusammen auf eine Forschungsreise. Wo kam das Ziel damals eigentlich her? Zum einen hatte sie von Kindesbeinen einen angeborenen Gerechtigkeitssinn und verspürte schon früh das Bedürfnis, anderen zu helfen. Vor allem aber waren es ihre Eltern, die sie darin bestärkten, Anwältin zu werden, denn das war ein Beruf, der großes Ansehen versprach und ihr eine glanzvolle Zukunft ermöglichen könnte. Aber bekanntlich ist nicht immer alles Gold, was glänzt. Ich fragte sie also, was sie denn gern in den nächsten Jahren und Jahrzehnten machen wollte, was ihr denn Spaß machen könnte. Sie erzählte mir von ihrer großen Liebe zu Tieren. Den Anwaltsberuf hatte sie mittlerweile aufgegeben, da sie ein wenig gespart hatte, gönnte sie sich eine Auszeit. Mit dem Ende ihrer Karriere verschwand auch ihre Verzweiflung, ihr Zustand stabilisierte sich schnell und bald kam sie nicht mehr.

Dafür erhielt ich nach einer ganzen Weile eine Postkarte, auf der das Bild einer Tierpension zu sehen war. Die ehemalige Anwältin kümmerte sich jetzt um Tiere, eine Hundeschule hatte sie gleich auch noch eröffnet.

Um glücklich zu sein, muss man Freude haben an den Dingen, die man tut, und an den Menschen, mit denen man sich umgibt. Das Wertvollste, das wir im Leben haben, ist unsere Lebenszeit. Die Frage ist also, wo ist sie am besten investiert, beruflich und privat. Bevor wir also neue Ziele ins Auge fassen, sollten wir herausfinden, was wirklich gut für uns ist und worauf wir Lust haben, und nicht, was andere von uns erhoffen oder erwarten.

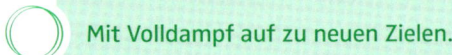
Mit Volldampf auf zu neuen Zielen.

Gedankenspiel

Bevor man seine ganze Energie dafür aufwendet, ein Ziel zu erreichen, sollte man sich ein genaues Bild davon machen, was einen am Ende des Weges erwartet. Manche Dinge muss man einfach ausprobieren, um herauszufinden, ob sie zu einem passen oder nicht. Bei wieder anderen ist es so, dass man nach Jahren erst feststellt, dass es für eine zeitlang gut gepasst hat, aber es dann auch mal Zeit für etwas anderes ist. Dann beginnt die Zeit der Neuerfindung, der Neuorientierung. Egal wie: Auch hier können Sie sich ein Blatt nehmen, oder im Computer ein Dokument erstellen, wo Sie ein Brainstorming beginnen. Spinnen Sie einfach mal so rum: Was könnten Sie sich in den nächsten Monaten und Jahren vorstellen zu tun? Wo wären Sie gern mit 40, mit 50 oder mit 60? So entwickelt sich Schritt für Schritt ein neues Ziel. Schon der Gedanke, dass das Leben noch eine oder mehrere Wendungen nehmen kann, gibt neue Energie und lässt einen aufleben. Neue Ziele können dem Leben einen neuen Sinn geben.

Entschlüsse fassen

Spätestens wenn der Jahreswechsel vor der Tür steht, setzen wir uns neue Ziele, und wenn die ersten Wochen des neuen Jahres ins Land gezogen sind, haben wir sie nach drei Besuchen im Fitnessstudio auch schon wieder ad acta gelegt. Der Entschluss, das Leben zu ändern, reicht einfach nicht, sondern man muss über einen langen Zeitraum kontinuierlich daran arbeiten. Darum sollte man sich selbst Regeln auferlegen und sich kontrollieren. Vielen meiner Klienten hilft es, Tagebuch über ihre Ziele zu führen und aufzuschreiben, was sie für deren Erreichung tun.

Ein Klient von mir wurde beim Rauchen immer wieder rückfällig: „Ich vergesse jedes Mal, wie schwer mir das Aufhören fällt." Beim nächsten Versuch führte er Tagebuch und trug jeden Tag ein, wie es ihm erging. Als er dann bei einem Grillfest rückfällig wurde, las er am nächsten Tag sein Tagebuch durch. „Als ich das durchgeblättert habe, war ich unheimlich stolz darauf, was ich geschafft habe. Und ich wollte nicht, dass meine ganzen Mühen umsonst gewesen sind." Es blieb bei diesem einen Rückfall.

Bei beinahe jedem Ziel, das wir uns setzen, wird es Hindernisse und Rückschläge geben. Wir müssen Nachsicht mit uns üben und uns Fehlschläge verzeihen, denn Fehlschläge gehören einfach dazu. Sie dürfen uns nicht aus der Bahn werfen, sondern sollten uns Ansporn sein.

Ein Tagebuch anlegen

Führen Sie ein Tagebuch oder Erfolgsbuch, und schreiben Sie jeden Tag Ihren Weg und auch die kleinen Ziele hinein. So kann sich Ihr Weg entwickeln. Es kommen immer wieder Ideen dazu, und andere fallen weg. Sie unterstützen sich selbst dabei und können jederzeit lesen, welche Fortschritte Sie gemacht haben. Das kann wahre Wunder bewirken. Ich hatte Klienten, die solche Freude dabei entwickelt haben, ihr Erfolgsbuch zu schreiben, dass sie dadurch immer auf dem Weg zum Ziel blieben und es nach und nach erreicht haben. Übrigens: Das Ziel kann sich natürlich auch jederzeit ändern. Es ist ein innerer Prozess, dem man folgt.

 Führen Sie Buch und spornen Sie sich damit selber an.

Die eigenen Ansprüche definieren

Seit unserer Kindheit sind wir es gewohnt, dass andere Leute Ansprüche und Erwartungen an uns haben. Aber was sind unsere eigenen Ansprüche an uns selbst? Und wie realistisch sind diese überhaupt? Ich erlebe immer wieder Klienten, die die Latte viel zu hoch legen. Sei es, was die Karriere, den Partner oder auch den eigenen Lebensstil angeht.

Eine meiner ersten Klientinnen wollte immer in allem perfekt sein. Eine perfekte Mutter, eine perfekte Ehefrau, eine perfekte Tochter, eine perfekte Nachbarin. Allen wollte sie es recht machen, bloß an sich selbst dachte sie keinen Moment. Ihre Ansprüche an sich selbst waren so hoch, dass sie ihnen nie voll gerecht werden konnte, und je mehr sie es versuchte, desto gestresster wurde sie. Was dazu führte, dass auch ihre Umgebung zunehmend gestresst war und sie alles andere als perfekt empfand. In solchen Fällen frage ich dann immer: Was ist eigentlich perfekt? Und ist es wirklich das Perfekte, was uns gefällt? Ist es der perfekte Mensch, in den wir uns verlieben? Oder sind es nicht doch eher die kleinen Macken, die sympathisch machen und uns tief im Herzen berühren?

Welchen Anspruch habe ich, und ist das wirklich mein Anspruch oder bin ich durch meine Erziehung, durch Freunde oder durch die Medien gebrieft worden? Wer seine eigenen Ansprüche an sich zu hoch steckt, aus welchen Gründen auch immer, wird nie mit sich im Einklang leben können. Vielmehr setzt er sich immer mehr unter Stress. Auch wenn man sich im Moment womöglich stark fühlt, weil man meint, alle in einen gesetzten Erwartungen zu erfüllen, macht man sich tatsächlich schwach und wirkt auch so auf andere.

Es ist ein großer Denkfehler zu glauben, wenn ich viel von mir erwarte und meine Ansprüche hoch hänge, bin ich besser als die anderen oder werde nur so zu einem besseren Menschen – und bin dadurch mehr wert. Ganz im Gegenteil, denn so sage ich mir, dass ich noch gar nicht liebenswert bin, sondern dafür erst etwas Außergewöhnliches vollbringen muss. Und das ist alles andere als aufbauend und stärkend.

Jeder Mensch ist so wertvoll, wie er ist. Niemand sollte das Gefühl haben, sich ständig aufwerten und verbessern zu müssen – anstatt die Dinge zu tun, die einem wirklich Spaß machen und einen wirklich erfüllen. Manche Menschen denken aber, wenn sie eine bestimmte Sache schaffen, dann wird das der Schlüssel sein, um alle ihre Wünsche wahr werden zu lassen. Bei Frauen ist das oft, die perfekte Figur zu haben, aber auch Männer erliegen diesem Irrtum.

Einmal kam ein völlig am Boden zerstörter Mann in meine Praxis. Er war eigentlich ein sympathischer und gutaussehender Mann, doch er behauptete, nie Glück bei den Frauen zu haben. Nun hatte er sich in den Kopf gesetzt, mit einem schicken Sportwagen würde sich das Blatt wenden, auch wenn er ihn sich eigentlich gar nicht leisten konnte. Am Anfang schien sein Plan sogar aufzugehen. Tatsächlich gelang es ihm, die eine oder andere Frau damit zu beeindrucken und ein Date zu bekommen. Allerdings merkte er schnell, dass er dadurch eher Frauen anzog, die es auf sein Geld abgesehen hatten und nicht auf ihn. Kein Wunder, denn er versuchte, mehr dem Außen zu gefallen als sich selbst.

Ich fragte ihn, was er denn an sich möge und was nicht. Das, was er nicht mochte, war weitaus mehr als das, was er an sich mochte. Nachdem wir gemeinsam erforschten, seit wann er diese negative Einstellung zu sich selbst hatte, und einige Zeit an seinem Selbstbewusstsein, seinem Selbstwert und seiner Selbstachtung arbeiteten, änderte sich seine Einstellung zu sich selbst nach und nach. Er fing an, mehr bei sich zu bleiben, wirkte gelassener und vermittelte dadurch auch nach außen: Ich mag mich. So kamen auf einmal ganz andere Menschen auf ihn zu. Er lernte neue Freunde und eine Frau kennen, die ihn auch ohne Sportwagen mochte. Denn von dem hatte er sich längst wieder getrennt.

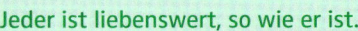

Jeder ist liebenswert, so wie er ist.

Eigene Werte festlegen

Die über Jahrhunderte gewachsenen Wertesysteme unserer Gesellschaft haben sich stark verändert. Die Religion, die über lange

Zeiten Orientierung bot, ist für immer weniger Menschen eine Richtschnur. Gerade was Beziehungen angeht, gelten neue Regeln. So waren gleichgeschlechtliche Partnerschaften früher undenkbar, und Ehescheidungen für die breite Bevölkerung keine Option. Früher war es noch viel wichtiger, zumindest nach außen hin, seinem Umfeld eine intakte Beziehung vorzuspielen, selbst wenn schon alles in Trümmern lag. Für Kinder konnte es eine große Hypothek sein, aus einer Scheidungsfamilie zu stammen. Heute ist das, gerade in Städten, eher der Normalfall.

Viele meiner Klienten fragen mich in Beziehungsdingen nach Orientierung: Ob sie ihre Ehe aufrechterhalten sollen, ob sie eine ganz neue Form des Zusammenlebens wagen könnten. Ich sage immer: Richtig ist, was sich für Sie richtig anfühlt. Das eigene Herz ist der beste Ratgeber. Lassen Sie sich nicht in ein von der Gesellschaft vorgegebenes Korsett pressen, sondern gehen Sie fröhlich Ihren eigenen Weg.

> Hören Sie darauf, was Ihr Herz Ihnen rät, und pfeifen Sie auf Konventionen.

Wie ich schon an einigen Stellen erwähnt habe: Die Wurzeln vieler unserer Probleme liegen in der Kindheit begründet. Diesen Umstand nehmen viele als Entschuldigung dafür, nichts in ihrem Leben zu ändern: „Ich bin so erzogen und kann nicht aus meiner Haut raus." Doch, das kann man, wenn man es will! Von dem Moment an, wo wir erwachsen sind, sind wir für unser eigenes Glück verantwortlich – und niemand anderes. Das gilt für alle Bereiche des Lebens. Sie sind nicht glücklich mit Ihrem Beruf? Suchen Sie sich einen neuen. Ihr Chef nervt Sie? Sprechen Sie mit ihm.

Ein Klient von mir wurde von seinem Vorgesetzten auch in der Freizeit ständig mit E-Mails bombardiert, worunter sein Familienleben erheblich litt. Seine Kinder versteckten ständig sein Smartphone, weil sie wussten, dass der Papa wieder schlechte Laune haben würde, wenn eine Nachricht von der Arbeit kam. Aber selbst nachts lag das Smartphone ständig neben dem Bett. Ich riet meinem Klienten dazu, Grenzen zu setzen und sich selbst strikt daran zu halten. Er schaltete sein Handy grundsätzlich ab 19 Uhr aus und erst wieder am Morgen nach der ersten Tasse Kaffee wieder ein. Am Wochenende ließ er es ganz aus.

Als sein Chef, der ja gewohnt war, ihn immer zu erreichen, fragte, wieso er sich denn am Wochenende nicht gemeldet hatte, ob denn seine E-Mails nicht angekommen wären, erzählte er ihm in aller Ruhe, was er mit seinen Kindern und seiner Frau unternommen hatte. Und dass er seine Abende und Wochenenden zum Erholen und für die Familie brauche, um am Montag wieder voll einsatzfähig zu sein. Der Chef ließ das gelten, und fortan hatte mein Klient am Feierabend Ruhe.

Oft sind Menschen so in ihre Probleme verstrickt, dass sie die einfachste Lösung gar nicht sehen. Man muss nicht immer gleich kündigen, wenn es bei der Arbeit nicht rund läuft. Mit einem einfachen Gespräch kann man oft eine Menge bewegen, und wenn das nicht den gewünschten Verlauf nimmt, kann man immer noch kündigen. Genauso müssen wir in der Partnerschaft Verantwortung für uns übernehmen: Kein Mensch ist dazu verpflichtet, bei jemandem zu bleiben, der einem nicht guttut.

Um selbstbestimmt leben zu können, müssen Sie die Verantwortung für sich selbst übernehmen!

Lernen, Nein zu sagen

Es gibt viele Menschen, denen es sehr schwerfällt, Nein zu sagen. Diese Reaktion resultiert oft aus Schuldgefühlen. Es ist ganz normal, dass man sich erst einmal schuldig fühlt oder ein ungutes Gefühl empfindet, wenn man lernt, Wünsche, die an einen herangetragen werden, abzulehnen. Das ist für viele ein ganz neuer Weg, den sie da beschreiten. Aber mit etwas Übung vergeht das schlechte Gefühl, und Sie werden sich stark und selbstbewusst fühlen. Sie machen neue Erfahrungen, und das gibt Ihnen Kraft. Auch im Außen werden Sie mehr Kontur bekommen, Sie werden als authentisch und stark wahrgenommen. Je mehr Sie üben, Nein zu sagen, desto schneller werden Sie sich abgrenzen können und mehr und mehr bei sich bleiben können. Bis es für Sie das normalste der Welt wird. Probieren Sie es aus und experimentieren Sie im Alltag, auch auf der Arbeit. Denken Sie daran, Ja-Sager machen die billigen Jobs, Menschen, die auch mal Nein sagen können, machen Karriere. Gewöhnen Sie sich an, bevor Sie etwas zusagen oder ablehnen, sich wirklich zu fragen: „Was will ich? Was würde mir jetzt guttun?"

Sag Ja zum Neinsagen.

Grenzen ziehen

Verantwortungsbewusstsein gehört zu den wichtigsten menschlichen Eigenschaften. Ohne Verantwortungsbewusstsein funktioniert weder eine Familie noch ein Unternehmen oder eine Gesellschaft. Es gibt Menschen, bei denen ist das Verantwortungsbewusstsein weniger stark ausgeprägt, aber noch mehr Menschen leiden an einem Übermaß davon. Und das hat zur Folge, dass sie immer zu viel tun, auf der Arbeit, in der Beziehung, in der Familie. Viele müssen erst lernen, Dinge abzugeben. Und das geht nur, wenn man persönliche Grenzen definiert, z. B. eine Grenze für die Überstunden, die man machen will und machen kann, um dann sagen zu können, bis hierhin und nicht weiter. Das Gleiche gilt für Familienleben und Beziehung. Partner akzeptieren es meist sehr gerne, wenn der andere die lästigen Aufgaben im Haushalt erledigt, und solange man ihnen die nicht überträgt, kann man ihnen noch nicht einmal einen Vorwurf machen. Im Beruf halsen sich manche so viel auf, weil sie meinen, sonst würde das ganze Unternehmen zusammenbrechen. Doch wenn sie dann wegen der vielen Arbeit selber zusammenbrechen, stellen sie fest, dass es auch ohne sie weitergeht.

Wir müssen auch den Mut aufbringen, andere womöglich zu enttäuschen. Das Leben ist viel zu kurz, um ständig Dinge zu tun, die wir eigentlich gar nicht tun wollen. Trotzdem machen wir sie, weil wir nicht anecken und bei anderen für Enttäuschungen sorgen möchten. Als ständiger Ja-Sager begeben wir uns in die Gefahr, Schritt für Schritt uns selbst zu verlieren. Wir sind dann nur noch da, um die Wünsche und Erwartungen von anderen zu erfüllen. Man muss daher für sich persönlich klare Grenzen definieren, in der Beziehung, auf der Arbeit, in der Familie. Setzen Sie sich selbst Grenzen: „Ich mache über längere Zeit nicht mehr als x Überstunden",

„Ich erledige nicht mehr als x Stunden Hausarbeit." Nur wenn wir unsere Grenzen klar abgesteckt haben, können wir sie auch wirkungsvoll verteidigen.

Natürlich sollten wir nicht von heute auf morgen ins entgegengesetzte Extrem verfallen. Wir müssen vielmehr lernen, in uns hineinzufühlen. Fragen Sie sich immer: „Was will ich? Was würde mir guttun?" und dann kommunizieren Sie es. Und fragen Sie genauso andere, was sie wollen, was ihnen guttut. Dann können Sie Kompromisse schließen. Wie z. B. im Urlaub: Der eine Partner möchte gern faul am Strand liegen, der andere will etwas unternehmen. Entweder geht man dann den halben Tag gemeinsam an den Strand und unternimmt anschließend noch etwas, oder der eine genießt es, am Strand zu liegen und der andere macht den Ausflug. Beide sind glücklich, freuen sich aufeinander und können sich später viel erzählen. Glückliche Partnerschaften basieren auf klugen Kompromissen. Die beste Formel für einen Kompromiss ist: Was will ich? Was ist gut für mich + Was willst du? Was ist gut für dich? = Wie setzen wir es um? Gemeinsam oder jeder mit Zeit für sich? Die richtige Lösung ist die, bei der beide zu ihrem Recht kommen.

> Wenn man miteinander spricht, lässt sich für jedes Problem eine gute Lösung finden.

Bei sich bleiben

Den ganzen Tag über hat der Chef im Büro schlechte Laune, und wenn wir abends nachhause fahren, ist auch noch der Busfahrer unfreundlich zu uns. Dabei machen wir oft den Fehler, seine schlechte Laune auf uns zu beziehen. Nur weil wir nicht in Sekundenbruchteilen das passende Kleingeld für die Fahrkarte zusammen hatten, wird er nicht sauer sein. Die schlechten Launen von anderen Menschen gehören den anderen Menschen. Wenn der Chef mal wieder muffig ist, mag das daran liegen, dass er zu Hause Ärger hat oder Stress mit seinem Vorgesetzten hat. In den allermeisten Fällen liegt es mit Sicherheit nicht an uns selber. Darum sollten wir uns von den Launen der anderen abgrenzen. Hier gilt es, in unserer Blase zu bleiben. Wir müssen uns und unsere Welt spüren und die Themen der anderen nicht zu unseren machen oder sie womöglich noch mit uns herumtragen.

 Machen Sie die Probleme von anderen nicht zu Ihren Problemen.

Hindernisse überwinden

Auf dem Weg zu neuen Zielen gibt es zahllose Hindernisse zu überwinden. Einige der größten stellen wir uns selber in den Weg. Wie viele Menschen haben Pläne, die sie dann niemals verwirklichen? Dafür gibt es verschiedene Gründe.

Den inneren Schweinehund besiegen

Es gibt eine Stimme in uns, die uns ständig zu bremsen versucht. Sie gehört dem inneren Schweinehund. Diese Spezies wünscht keine Veränderungen. Ihr natürlicher Lebensraum ist das Sofa, denn sie mag es am liebsten schön gemütlich. Wenn man ihr das

Ruder überlässt, kann einem nicht viel Unangenehmes passieren, aber eben auch nichts wirklich aufregend Neues.

Um den inneren Schweinehund in Schach zu halten, treten Sie mit ihm in den Dialog, Sie werden feststellen, dass er wenig wirklich überzeugende Argumente auf seiner Seite hat. Warum nicht joggen gehen? Oh, es könnte regnen. Na, dann werden wir eben nass, so what? Vor allem versucht uns der Schweinehund davon abzuhalten, etwas Neues zu probieren. Heute Abend ins Kino gehen? Aber heute ist doch Sonntag, da gucken wir Tatort, das haben wir schon immer so gemacht. Wer nicht den Rest seines Lebens mit den Dingen verbringen will, die er schon immer gemacht hat, muss lernen, den Schweinehund an die kurze Leine zu nehmen.

Lassen Sie sich vom Schweinehund nicht den Spaß versauen.

Lust statt Versagensängste

Da ist die Angst zu scheitern, den eigenen Ansprüchen nicht gerecht zu werden oder sich zu blamieren. In den USA ist Scheitern etwas ganz Normales. Niemand würde auf die Idee kommen, die eigene Geschäftsidee, die nicht funktioniert hat, aus dem Lebenslauf zu streichen. Ein kluger Mensch hat einmal gesagt: „Wir wachsen nicht durch unsere Siege – unsere Niederlagen sind es, die uns groß werden lassen." Sollten Sie sich aus Angst vor einem möglichen Scheitern von einem Plan abhalten lassen, machen Sie sich immer bewusst: Wirklich gescheitert ist man nur, wenn man es gar nicht erst versucht hat.

Einmal kam eine Geigerin zu mir, die unter furchtbarem Lampenfieber litt. Ihr Geld verdiente sie mit Unterrichten und Studioauf-
nahmen. Der Auftritt vor Publikum machte ihr solche Angst, dass
sie nicht schlafen konnte, Alpträume quälten sie, ständig träumte
sie davon, dass sie ihre Geige verloren hatte, und jagte ihr durch
fremde Städte hinterher, während ihr Publikum ungeduldig auf
sie wartete. Am Tag, an dem ein Konzert vor Publikum stattfinden
sollte, bekam sie keinen Bissen runter, ein paar Stunden vor dem
Auftritt litt sie unter Übelkeit und Schweißausbrüchen, manchmal
wurde es so schlimm, dass sie sich unmittelbar vor dem Konzert
übergeben musste.

Wir sprachen darüber, was ihr am Tag vor dem Konzert alles durch
den Kopf ging, und es tauchte immer wieder das Bild von einem
wütenden Publikum auf, das ihren Auftritt mit Buhrufen bedachte.
Am schlimmsten war es in Sälen, in denen sie den Zuschauern
ins Gesicht sehen konnte. Sobald sie jemanden erkennen konnte,
ließ sie sich durch jedes auch nur scheinbare Zeichen des Unmuts
verunsichern. Einmal schloss ein Zuschauer während ihres Spiels
die Augen und wandte den Kopf ab – für sie war ganz klar, dass
er das getan hatte, weil sie einen Ton nicht ganz sauber getroffen
hatte. Dabei kann es natürlich genauso gut die noch nicht abgege-
bene Steuererklärung gewesen sein, die ihm in diesem Moment in den
Sinn kam, oder ein maroder Backenzahn, der ihm Schmerzen ver-
ursachte oder tausend andere Dinge mehr.

Wenn wir das Gefühl haben, wir werden für etwas kritisiert, werden
wir zahllose Bestätigungen für unsere Annahme finden. Es hängt so
vieles von unserer inneren Einstellung ab. Wäre die Geigerin davon
überzeugt gewesen, das Publikum wäre ihr gewogen, hätte sie in
der Situation auch denken können, der Mann sei so überwältigt von

ihrem Vortrag, dass er es kaum noch verkraften konnte. Die Welt ist so, wie wir sie sehen wollen.

Ich machte mit der Geigerin eine ganze Reihe von Übungen. Was ihr am besten half, das Lampenfieber endgültig in den Griff bekommen, war eine einfache Visualisierung: Sie stellte sich am Abend vor dem Auftritt das Bild eines applaudierenden Publikums vor. Vor dem Einschlafen sah sie sich, wie sie nach dem Konzert vor die Zuschauer tritt und den Applaus entgegennimmt. Vor dem Auftritt, wenn sie feststellte, dass ihre Handflächen feucht wurden und ihr Puls sich beschleunigte, rief sie sich immer wieder dieses Bild vor Augen. Inzwischen sieht sie gern ins Publikum, und der Applaus nach ihrem Auftritt fällt oft noch intensiver aus, als sie es sich vorher visualisiert hat.

Statt sich mit einem möglichen Versagen zu beschäftigen, sollten wir unsere Gedanken um den möglichen Erfolg kreisen lassen. Je positiver unsere Gedanken sind, desto sicherer werden wir auftreten und desto eher werden wir erfolgreich sein. Das Gleiche gilt natürlich auch für Prüfungsängste. In solch einer Stresssituation hilft es sehr, sich die Prüfer in ihrer Blase vorzustellen. Wie wohl ihr Leben aussehen mag? Das hilft die Distanz zu den Prüfern abzubauen und lindert das Lampenfieber.

Nichts hilft besser gegen Stress als positives Denken.

Wenn der Fokus verloren geht

Nichts lässt den Geist kreativer werden, als wenn es darum geht, sich vor zu erledigenden Aufgaben zu drücken. Statt sich bei der Arbeit um die Aufgaben zu kümmern, die dringend auf Erledigung warten, machen wir lieber erst mal etwas anderes. Zum Beispiel eine gute Tasse Kaffee. Während wir die Tasse genießen, fällt uns ein, dass wir uns mal wieder mit zwei guten Freundinnen zum Kaffeeklatsch treffen sollten. Schnell schicken wir ihnen eine Whats-App-Nachricht und verabreden uns, dann wollen wir endlich anfangen zu arbeiten, doch da ist unser Kaffee leer, wir machen uns also noch eine Tasse. Als wir die auf unserem Schreibtisch abstellen, fällt uns auf, wie chaotisch unser Arbeitsplatz aussieht. Wir müssen dringend aufräumen, dann wird uns die Arbeit noch leichter fallen. Endlich ist alles geordnet, unser Schreibtisch hat noch nie besser ausgesehen. Wir machen ein Bild und posten es auf Facebook, und natürlich können wir jetzt noch nicht anfangen zu arbeiten, weil wir ja warten müssen, was unsere Facebook-Freunde zu dem Foto sagen. Und dann ist auch schon Mittag.

Nach der Pause ist unsere dringende Aufgabe jetzt noch dringender geworden, und weil das am Vormittag alles nicht so gut geklappt hat, gehen wir die Sache am Nachmittag anders an. Wir machen uns einen Plan, wie wir unsere Aufgabe erledigen wollen. Nachdem wir minutiös aufgelistet haben, wie wir alles schaffen können, schauen wir nur noch mal für einen ganz kurzen Moment ins Internet und entdecken irgendeine „Breaking News". Auch wenn es uns überhaupt nicht betrifft, müssen wir die neuesten Entwicklungen natürlich verfolgen und schauen parallel nochmal bei Facebook rein, um festzustellen, wie oft unser Beitrag vom Vormittag gelikt wurde. Am

Abend gehen wir dann nach Hause, ohne ernsthaft weitergekommen zu sein.

Prokrastination nennt sich das, ein Wort aus dem Englischen, das schlicht „Aufschieben" bedeutet. Noch schlimmer von Prokrastination betroffen sind die Leute, die im Homeoffice arbeiten. Eine Freundin von mir erzählte neulich, dass sie gerade, als sie mit ihrem Tagewerk anfangen wollte, festgestellt hat, wie schmutzig doch ihre Fenster waren und wie aus dem Arbeitstag ein Putztag wurde. Am schlimmsten für alle von der Prokrastination Geplagten ist zweifellos das Internet. Hier kommt man schnell „vom Hündchen aufs Stöckchen". Man will „kurz" etwas nachsehen und versinkt für Minuten und Stunden im Datennirvana. Und sitzen wir gerade nicht am Computer, greifen wir eben zum Smartphone.

Es gibt verschiedenste Gründe, warum wir unsere Aufgaben aufschieben. Dinge aufzuschieben ist grundsätzlich nichts Verwerfliches. Nur wird es leider schnell zur Gewohnheit und hat auch sonst unangenehme Folgen. Wenn wir unsere Arbeit mit dem Gefühl beenden, nicht das geschafft zu haben, was wir uns vornehmen, werden wir mit einem unguten Gefühl in den Feierabend oder das Wochenende gehen. Was die Aufgaben, um die wir uns am liebsten drücken, gemein haben: Sie scheinen uns unendlich groß. Was bei der zügigen Bewältigung hilft, ist, sie sich in mehrere kleinere Abschnitte einzuteilen. So verschaffen wir uns Erfolgserlebnisse, bevor das große Ziel erreicht ist. Außerdem sind wir zu einem Ziel, das nicht so weit entfernt ist, schneller unterwegs als zu einem, das wir noch gar nicht absehen können. Und die größte Hürde bei jeder großen Aufgabe ist, damit anzufangen.

Beginnen Sie gleich nach der ersten Tasse Kaffee, nicht erst nach der zweiten oder dritten. Und noch ein ganz wertvoller Tipp obendrauf: Gehen Sie während der Arbeit öfter mal offline. Nichts reißt uns mehr raus als eintreffende E-Mails. Nehmen Sie sich vor, diese nur noch zu bestimmten Zeiten abzurufen und zu beantworten. Was manchmal ganz gut helfen kann, ist, den unangenehmsten Teil der Aufgabe als Erstes zu erledigen, dann geht der Rest praktisch von alleine. Eine weitere Möglichkeit ist es zu minimieren: Bei der endlosen Lektüre fürs Studium einfach nur den ersten Abschnitt lesen – die längste Reise beginnt bekanntlich mit einem einfachen Schritt. Und was die Dinge angeht, die uns ablenken: Auch denen können wir uns in kleinen Teilschritten annehmen: Heute macht man nur das Regal oder den Schreibtisch sauber und beginnt nicht gleich mit einem kompletten Frühjahrsputz. In kleinen Schritten denken ist oft effizienter, statt sich vom großen Berg der Aufgaben einschüchtern zu lassen. Und ehe man sich versieht, hat man doch mehr geschafft als gedacht.

Gehen Sie die Sache Schritt ruhig für Schritt an, Hauptsache, Sie bewegen sich.

Faulsein gezielt genießen

Der Dichter Lessing hat einst ein Loblied auf die Faulheit geschrieben – das natürlich recht kurz ausfiel, weil er zu faul war, es weiter auszuschmücken. Ich frage gerade meine vom Burn-out bedrohten Klienten gerne, was Faulheit auf Italienisch heißt. Und übersetze dann selber: *dolce far niente*, das süße Nichtstun. Gerade in den heißen, südlichen Ländern genießen es die Menschen, einfach mal nichts zu tun, die lange Mittagspause ist ein Bestandteil ihrer Kultur.

Zu viele Menschen versuchen jeden Moment ihres Tages mit Sinnvollem und Nützlichem auszufüllen. Grundsätzlich aber ist Faulheit löblich, doch auch hier gilt es, das richtige Maß zu finden. Wer seine Freizeit immer nur auf dem Sofa verbringt, tut sich, seinem Körper und seiner Psyche auch nichts Gutes. Und richtig ärgerlich wird es, wenn die Faulheit einen davon abhält, die Dinge zu tun, die eigentlich wichtig sind.

Um zu verhindern, dass die Faulheit uns davon abhält zu tun, was wir eigentlich gern möchten, empfehle ich meinen Klienten, bewusst mit dem Thema umzugehen. Nehmen Sie sich einen Tag für das *dolce far niente*, zelebrieren Sie es. Sagen Sie sich bewusst: Heute bin ich faul, der Rasen bleibt ungemäht, und das Finanzamt soll noch eine Woche auf meine Steuererklärung warten. Damit Sie Ihren faulen Tag auch wirklich genießen können, beschließen Sie von Anfang an, nichts zu tun außer faul zu sein. So hat man kein schlechtes Gewissen und kann ihn wirklich genießen. Dafür gibt es dann beim nächsten Mal auch keine Ausrede mehr, und man erledigt die Dinge, die anstehen.

Wenn Sie nichts tun, tun Sie es bewusst.

Die Welt bunter gestalten

Auszeiten sind wichtig

Gönnen Sie sich Auszeiten, denn sie helfen Ihnen, sich Ihrer selbst bewusst zu werden und sich wertzuschätzen.

Das Problem, das die meisten heute haben: Niemand hat Zeit für irgendetwas. Der Tag ist von morgens bis abends voll durchgetaktet, Job, Familie und andere Verpflichtungen halten uns in Atem. Doch gerade dann müssen wir uns Zeit für uns nehmen. Dabei haben selbst Menschen mit einer 60-Stunden-Woche noch genug frei verfügbare Stunden, man muss sie sich nur nehmen. Leider gehen wir mit unserer Zeit furchtbar verschwenderisch um, und das, wo sie doch das Kostbarste ist, was wir haben. Wie viel Zeit vergeudet man mit Unsinn? Was früher die Fernseher waren, sind heute Computer und Smartphones. Ich kenne kaum jemanden, der nicht mehrere Stunden am Tag mit seinem Smartphone, Tablet oder Laptop beschäftigt ist. Grundsätzlich habe ich nichts dagegen, ich benutze diese Dinge auch gerne, muss mich aber selbst immer wieder disziplinieren, um nicht zu viel Zeit damit zuzubringen.

Manche Menschen entwickeln geradezu eine Sucht danach. Ich hatte einmal einen Klienten, der noch eine Runde „Quizduell" zu Ende spielen musste, bevor wir mit der Sitzung anfangen konnten. Abends geht unser letzter Blick vorm Einschlafen auf das Smartphone, obwohl wir wissen, dass uns das helle Licht vom Display vom Einschlafen abhält und uns schlechte Nachrichten womöglich Albträume bereiten. Morgens fängt der Tag damit an, dass wir gucken, wer in der Nacht noch eine Nachricht geschickt oder etwas auf Facebook gepostet hat.

Soziale Medien sind toll, wir müssen nur einen vernünftigen Umgang damit lernen. Ich liebe Schokolade über alles, doch weiß ich auch, dass ich auf keinen Fall mehr als eine halbe Tafel davon am Tag verdrücken darf, sonst kann ich meine komplette Garderobe in die Altkleidersammlung geben. Und so mache ich das mit dem Smartphone auch: Ich versuche es bewusst einzusetzen, nicht ziellos im Internet herumzusurfen, denn schon ist wieder eine Stunde herum, in der man die Sonne genießen, spazieren gehen oder ein interessantes Gespräch hätte führen können. Auch hier sollte man einmal Bilanz ziehen und herausfinden, was die größten Zeitfresser im Alltag sind und ob man sie nicht gewinnbringender durch andere Aktivitäten ersetzen könnte.

Gehen Sie öfter offline und gewinnen Sie Zeit für Wichtigeres.

Übrigens erlebe ich in der Praxis häufig, dass Klienten, die diverse Zeitfresserchen aus ihrem Leben verbannt haben, von einem auf den anderen Tag plötzlich über endlos viel Zeit verfügen, mit der sie erst einmal gar nichts anzufangen wissen. Aber: Die Welt ist voll von neuen aufregenden Dingen, für die es sich lohnt, Zeit übrig zu haben. Im Folgenden erhalten Sie einige Anregungen dafür, wie Ihre Welt wieder bunter werden kann.

Täglich Neues wagen

Je älter man wird, desto schneller rast die Zeit an einem vorbei. Das liegt auch daran, dass das Gedächtnis keine Wiederholungen abspeichert. Und mit der Zeit wiederholt sich immer mehr in unserem Leben. Oft sieht eine Woche der anderen zum Verwechseln ähnlich. Schon deshalb sollte man immer offen für neue Erfahrungen sein. Man muss nicht alles über den Haufen werfen, um seinem Leben neue Impulse zu geben. Oft können kleine Veränderungen eine Menge bewirken. Finden Sie heraus, was Ihnen am meisten Spaß macht, und schaffen Sie mehr Raum dafür in Ihrem Alltag. Wann waren Sie das letzte Mal in einem Museum? Wann haben Sie zuletzt ein neues Rezept ausprobiert, sich in einer neuen Sportart geübt? Lernen Sie neue Menschen kennen und frischen Sie alte Kontakte auf. Bereichern Sie Ihr Leben ständig neu. Hier ein paar Vorschläge dazu.

Der „Hab ich noch nie gemacht"-Tag Unser Leben besteht aus einer endlosen Aneinanderreihung von Wiederholungen. Unsere Kindheit erscheint uns endlos lang, weil wir praktisch an jedem Tag neue Erfahrungen machen, doch je älter wir werden, desto eingeschliffener verläuft unser Alltag und desto schneller ziehen die Jahre vorbei. Wer einmal den Wohnort wechselt, wird feststellen, dass die ersten Monate in der Erinnerung viel mehr Raum einnehmen als die letzten Monate, die wir an dem alten Ort verbracht haben, einfach aufgrund der neuen Erfahrungen, die wir machen. Man muss aber nicht unbedingt umziehen, um die innere Uhr ein bisschen langsamer laufen zu lassen, man kann auch so seinen Alltag mit neuen Erfahrungen vollpacken.

Darum sollten Sie jetzt mindestens einen Tag in der Woche für Neues reservieren. Dabei ist alles erlaubt, was Sie noch nie gemacht haben. Wichtig ist, dass man sich etwas sucht, was man für sich tut und nicht für andere. Ein Klient von mir wollte unbedingt Bungeespringen gehen, dabei war es nicht der Sprung an sich, der ihn faszinierte, sondern die Vorstellung, seinen Freunden im Golfclub damit zu imponieren. Machen Sie etwas für sich und nur für sich. Es sollte etwas sein, das eine Bereicherung für Ihr Leben sein könnte. Vielleicht probieren Sie einen speziellen Kochkurs aus. Oder Sie tun etwas für Ihre Selbstwahrnehmung und belegen einen Yoga- oder Qi-Gong-Kurs. Versuchen Sie sich in einer fremden Sprache oder stürzen Sie sich tatsächlich mit einem Seil von einem Kran, aber nur, wenn Sie es für sich tun.

Tun Sie was Ihnen gefällt, suchen Sie nach Erfolgserlebnissen, die Sie stolz machen. Probieren Sie sich immer wieder neu aus. Ich habe eine fast achtzigjährige Klientin, die plötzlich ihre Liebe zum Nordic Walking entdeckt hat. Früher schimpfte sie immer auf diese „Idioten mit Stöckchen", heute ist es ihr größtes Vergnügen, selbst damit unterwegs zu sein. Es gibt so viele Dinge, die man für sich entdecken kann. Oft muss man sich nur einen kleinen Schubs geben. Als Kind ging ich oft stundenlang im Freibad am Schwimmbeckenrand auf und ab und traute mich nicht hinein, weil mich das kalte Wasser schreckte, doch wenn ich es dann endlich hineingeschafft hatte, war es einfach nur herrlich, und ich fragte mich jedes Mal, warum ich solange gebraucht hatte.

So geht es vielen Menschen. Wobei auch hier wieder die Stimmen aus unserer Kindheit eine große Rolle spielen. Gerade Mädchen sind schon auf dem Spielplatz immer wieder gewarnt worden, nicht zu hoch zu klettern und nicht zu wild zu spielen, weil das zu gefährlich sei. Aber heute sind Sie erwachsen und können selbst entscheiden. Wenn Sie Lust verspüren, in den Bergen zu kraxeln, beruhigen Sie liebevoll Ihr inneres Kind und machen Sie sich auf den Weg.

Geben Sie Ihren Sinnen mal etwas zu tun. In unseren Städten warten spannende Herausforderungen auf sie. So bieten manche Zoos

Nachtwanderungen an: Mit einer Infrarotbrille bewaffnet beobachtet man die nachtaktiven Tiere und vor allem hört man sie wie nie zuvor. Wer hätte gedacht, was für merkwürdige Geräusche Panther von sich geben! Bei Tage bekommt man kaum etwas davon mit, aber die Dunkelheit schärft unseren Hörsinn ungemein. In mehreren Städten gibt es Restaurants, in denen man im Dunkeln isst, meist werden sie von Blinden geführt. Wenn es um einen herum stockduster ist, konzentriert man sich viel besser auf den Geschmack der Speisen und erkennt plötzlich Nuancen, die einem vorher verborgen geblieben sind.

> Nicht ist aufregender als eine neue Erfahrung.

Der „Das muss ich unbedingt mal wieder machen"-Abend So oft höre ich, dass man früher etwas rasend gern getan hat, aber heute einfach nicht mehr dazu kommt. Es sind nämlich nicht nur unangenehme Dinge, die man immer wieder aufschiebt, auch angenehme Beschäftigungen bleiben liegen. Oft höre ich Klienten, die mit leuchtenden Augen von alten Leidenschaften berichten, und wenn ich dann frage, warum sie damit aufgehört haben, können sie das meist gar nicht so genau erklären. Irgendwann wird die geliebte Schallplattensammlung im Keller verstaut, die Brettspiele verschwinden auf dem Dachboden, zum Boulespielen geht man auch schon ewig nicht mehr.

Was einzig und allein fehlt, um wieder mit einer Beschäftigung anzufangen, die einem Freude bereitet, ist ein Impuls. Denn solange wir leben, sind wir für nichts zu alt, das uns Freude bereitet. Es gibt immer wieder Menschen, die uns das vormachen, die noch im hohen Alter Berge erklimmen und um die Welt reisen. Wir sind es uns schuldig zu tun, was uns gefällt. Es gibt keinen Grund, uns selbst die Dinge zu verweigern, die uns zum Lächeln bringen. Nur müssen wir uns Freiräume dafür schaffen. Beispielsweise, indem wir ihnen einen Abend in der Woche reservieren. Schreiben Sie einfach mal drei Dinge auf, die Sie gern mal wieder machen wollen.

Reservieren Sie sich einen besonderen Abend für alte Leidenschaften. Vielleicht stellen Sie fest, dass Ihnen Karaoke keinen Spaß mehr macht – auch gut, aber Sie haben ja sicher noch ein paar andere Dinge, die Sie wieder mal ausprobieren können. Sicher eignet sich ein Abend unter der Woche nicht, um mal wieder Skifahren oder Tauchen zu gehen, aber Sie können ja mal Ihre Ausrüstung kontrollieren und feststellen, ob Ihr Herz wieder höherschlägt, wenn Sie Ihr Equipment sehen. Und dann überlegen Sie, wann und wo Sie mal wieder aktiv werden könnten und mit wem.

> Höchste Zeit, alte Leidenschaften neu zu entfachen.

Der „Den will ich jetzt mal wieder sehen"-Abend Freundschaften gehen aus vielen Gründen auseinander oder schlafen einfach ein. Jetzt ist vielleicht die Zeit gekommen, einen nach dem anderen mal wieder zu sehen. Oder alle auf einmal. Eine Klientin, deren eigenes kleines Unternehmen Schiffbruch erlitten hatte, kam auf die Idee, ein Get-together zu machen. Sie lud zunächst Leute ein, die sie gern mochte und lange nicht gesehen hatte, und stellte sie einander vor. Dabei beherzigte sie die britische Regel für die Größe einer Abendgesellschaft: nicht weniger als die Grazien, also drei, und nicht mehr als die Musen, also neun. Doch weil alle die Gesellschaft genossen und jeder noch jemanden mitbringen wollte, wuchs das Ganze schnell, und schon bald nahmen immer mehr Leute an der Abendgesellschaft teil. Und aus dieser entstanden sowohl geschäftlich wie auch privat ganz neue Konstellationen.

So groß müssen Sie es erst mal gar nicht machen. Durchforsten Sie mal Ihr Adressbuch – vielleicht gibt es ja noch den einen oder die andere aus Ihrer Jugend oder die ehemalige Kollegin, die man aus den Augen verloren hat, obwohl man doch eigentlich eine gute Zeit miteinander hatte. Wenn Sie gern kochen, können Sie Ihre Gäste nach Hause einladen, oder Sie verabreden sich in einem Restaurant oder Café, in dem Sie vielleicht schon lange nicht mehr waren oder das Sie endlich mal ausprobieren wollen. Wichtig ist nur, dass die Location nicht zu laut ist, denn wo laute Beats dröhnen, wird kaum eine spannende Unterhaltung in Gang kommen.

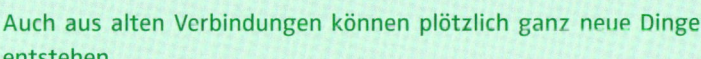

Auch aus alten Verbindungen können plötzlich ganz neue Dinge entstehen.

Die „Da war ich noch nie"-Tour Für diesen Ausgeh-Abend gibt es nur eine Regel: Man darf in keinen Laden gehen, in dem man schon einmal gewesen ist. Gehen Sie mal irgendwo rein, wo Sie noch nie waren, nehmen Sie einen Drink, schauen Sie sich um. Wenn's Ihnen nicht gefällt, wird der nächste Laden angesteuert. Und das gilt nicht nur für das Ausgehen, auch für die täglichen Erledigungen. Die meisten haben ihren Stammsupermarkt, in dem sie immer die gleichen Dinge kaufen. Machen Sie einen Bogen darum, gehen Sie mal wieder auf den Wochenmarkt, probieren Sie Neues aus, kommen Sie auf neue Geschmäcker. Oder entdecken Sie Dinge neu.

Viele von uns haben gegen bestimmte Lebensmittel aus ihrer Kindheit eine Abneigung. Zeit, denen mal eine zweite Chance zu geben, auch indem man neue Zubereitungsarten ausprobiert. Auch beim Shoppen gilt, alles mal anders zu machen, die ausgetretenen Pfade zu verlassen, neue Marken und neue Looks auszuprobieren.

Für die folgende Tour können Sie sich auch einmal den Sonntag freihalten. Ich kenne viele Menschen, die die halbe Welt bereist haben, sich aber in ihrer nächsten Umgebung kaum auskennen. In Ihrem Umfeld warten sicher noch zahlreiche Attraktionen, die Sie bislang keines Blickes gewürdigt haben. Nehmen Sie einfach mal Ihre Stadt unter die Lupe, erkunden Sie Straßen, in denen Sie noch nicht waren, am besten zu Fuß, und dann fahren Sie mal in die Umgebung. Erkunden Sie Gegenden, die Sie kaum kennen, fahren Sie in Nachbarorte und schauen Sie sich um. Wenn's Ihnen dort gefällt, warum nicht mal spontan über Nacht bleiben? Fahren Sie weg, allein oder mit Freunden. Es gibt zahllose Urlaubsportale, die günstige Wochenendreisen anbieten. Dabei gilt natürlich auch die Regel: Bloß kein Stress! Ihr Ziel sollte ohne große Umwege und mit leichtem Gepäck erreichbar sein.

Ein großes Vergnügen können auch Wanderungen sein, am besten mit alten Freunden oder neuen Bekannten. Unterwegs lässt es sich wunderbar plaudern, und gemeinsame neue Erlebnisse schweißen zusammen. Wichtig ist, immer wieder etwas Neues auszuprobieren, denn wenn man immer den gleichen Weg durchs Leben nimmt, verliert man den Blick für die Schönheiten und Wunder, die uns umgeben.

Setzen Sie sich in Bewegung!

In Bücherwelten eintauchen

„Ein Buch ist wie ein Garten, den man in der Tasche trägt", sagt ein arabisches Sprichwort. Kluge Köpfe wissen gute Bücher zu schätzen. Kein anderer als die Ikone der digitalen Welt, Facebook-Gründer Mark Zuckerberg, empfiehlt seinen Mitarbeitern, regelmäßig zu lesen. Das Leben in all seinen Facetten hat eben in keinem Tweet und keinem Posting Platz. Gerade in der heutigen Zeit, wo wir nur noch möglichst kurze Botschaften in unsere Smartphones hacken und Worte durch Icons ersetzen, droht unser Sprachschatz zu verarmen.

Die Schule, die eigentlich den Genuss von Büchern vermitteln sollte, hat vielen von uns die Freude daran genommen. Stundenlang ließ man uns an Texten herumsezieren, die oft nur sehr wenig mit unserem Leben zu tun hatten. Vergessen wir die Schullektüre und den Deutschunterricht, denn in Bücher sollte man sich versenken, ohne mögliche Prüfungsfragen im Kopf zu haben. Hier kann man abtauchen in andere Welten und zahllose Schönheiten entdecken. Auch beim Lesen sollten wir unseren ganz eigenen Kompass entwickeln und unserem Herzen und nicht irgendwelchen Empfehlungen folgen oder denken, dies oder jenes „müsse" man gelesen haben.

Sehr berührt hat mich die Geschichte einer Klientin, die eine traurige Kindheit durchleben musste. Ihr größter Trost in der Zeit war eine kleine Kladde, in die sie aus den Büchern, die sie las, alle Worte eintrug, die ihr gefielen. Wenn die Situation in ihrem Elternhaus wieder eskalierte, versenkte sie sich in ihre Wortsammlung, mit der sie sich in eine andere, bessere Welt träumte. Worte waren ihre besten Freunde.

Zeit für sich selbst reservieren

Selbst wenn wir noch so viel Stress haben, im Beruf oder privat, müssen wir uns selbst den gebührenden Platz in unserem Leben einräumen. Jeder Tag verdient Momente, die für uns alleine reserviert sind und nicht dem Arbeitgeber, der Familie, den Freunden, sondern nur ganz alleine uns gehören. Wann der beste Zeitpunkt dafür ist, hängt ganz von unseren Bedürfnissen ab. Wer gern früh aufsteht, hat vor Tau und Tag die Möglichkeit, sich ein Stück vom Morgen zu reservieren: für einen Spaziergang durch die erwachende Stadt, für eine frühe Joggingrunde oder einfach einen entspannenden Moment der Meditation. Langschläfer, und die sind wohl in der Überzahl, können sich ein Stückchen vom Abend für ihre eigenen Bedürfnisse freihalten.

Wie Sie Ihr persönliches Stück vom Tag ausfüllen, bleibt ganz Ihnen überlassen. Wichtig ist, dass Sie etwas nur für sich tun, etwas, das Ihrem Körper und Ihrer Seele guttut. Und das muss nicht unbedingt immer mit Sport und Wellness zu tun haben. Schokolade ist beispielsweise auch ein Wellness-Programm für unsere Seele. Wenn Sie Schokolade lieben, gönnen Sie sich doch öfter mal ein Stück. Wichtig ist, dass Sie solche genussvollen Momente in aller Ruhe zelebrieren und nicht nebenbei naschen, sondern sich nur auf sich und die Schokolade konzentrieren. Geben Sie sich nur dem Geschmack hin, denken Sie an nichts, außer die Informationen, die Ihre Geschmacksnerven an Ihr Gehirn übermitteln.

Das funktioniert natürlich auch ganz ausgezeichnet mit Rotwein, einer feinen Tasse Tee und tausend anderen Köstlichkeiten. Und gönnen Sie sich immer mal wieder eine kurze Meditationspause.

Das funktioniert ähnlich wie ein Neustart beim Smartphone: Indem man es von Zeit zu Zeit mal runterfährt, vermeidet man Fehlfunktionen.

 Ein Moment am Tag sollte nur Ihnen gehören.

Sich liebevoll begegnen

Ich habe nicht wenige Klientinnen und Klienten, die darüber klagen, wie wenig liebevoll sich ihr Partner ihnen gegenüber verhält. Ich frage dann immer: „Wie liebevoll sind Sie denn sich selbst gegenüber?" Denn oft erlebe ich Menschen, die sich selbst gegenüber kein bisschen liebevoll sind. Man könnte auch sagen: Warum sollten andere sie liebevoll behandeln, wenn sie es selbst ja auch nicht tun?

Wer immer kritisch mit sich ist, wird auch immer Gründe zur Kritik an sich finden. Darum gebieten Sie Ihrem inneren Kritiker Einhalt und seien Sie liebevoll zu sich. Die Übung mit Ihrem inneren Kind (siehe S. 134) kann da sehr hilfreich sein. Sie werden feststellen, dass auch bald Ihre Umgebung auf Ihr verändertes Verhalten reagiert und Sie ganz anders behandelt. Fragen Sie sich immer: „Was würde mir jetzt guttun?" Und wenn Sie auf sich hören, werden Sie automatisch liebevoll mit sich umgehen. Lieben heißt auch verzeihen können, vor allem sich selbst. Lieben heißt Rücksicht nehmen, auch auf die eigenen Bedürfnisse. Lieben heißt zu sorgen, auch für sich selbst.

Nur wenn wir uns Liebe entgegenbringen, können wir andere lieben und von anderen geliebt werden.

Was und wer tut mir gut?

Manche Menschen müssen ständig an ihr Limit gehen, um glücklich zu sein, andere sind rundum zufrieden, wenn sie relaxen können. Jeder muss für sich herausfinden, was ihm wirklich guttut. Am besten Sie nehmen sich etwas Zeit und schreiben auf, wobei es Ihnen selbst am besten geht. Fühlen Sie in sich hinein: Wobei haben Sie sich zuletzt richtig gut gefühlt? Ergänzen Sie diese Liste immer wieder. Fragen Sie sich zwischendurch: „Was würde mir jetzt guttun?" So werden Sie sensibler für die Dinge, die gut für Sie sind, und genau diese Dinge können Sie in Zukunft viel häufiger machen.

Das gilt auch für Freunde, Verwandte, verflossene und aktuelle Partner: Indem wir die Leute in unserem Umkreis beleuchten, lernen wir auch eine Menge über uns selbst. Wen mögen wir in unserem Umfeld am liebsten? Und wer ist offensichtlich nicht so gut für uns? In welche Beziehungen investieren wir mehr, als wir im Gegenzug erhalten? Manchmal spürt man schon seit langem, dass es so, wie es ist, nicht mehr gut ist. Aber loslassen und verlassen ist schwer und bringt eine tiefe Traurigkeit mit sich. Aber manchmal ist dieser Schritt wichtig, um neuen Raum zu schaffen. Auch hier sollten wir uns mehr auf die Menschen konzentrieren, die uns guttun. Und wenn das zu wenige sein sollten, es ist nie zu spät, seinen Freundeskreis zu erweitern oder alte Freundschaften zu reaktivieren.

Wo will ich wirklich sein?

Fühle ich mich an dem Ort, an dem ich lebe, geborgen und zu Hause? Meine Praxis liegt im Zentrum von München, die Stadt besteht zum guten Teil aus Zugezogenen. Einige meiner Klienten kommen ursprünglich aus ländlichen Gegenden, und auch wenn sie zum Teil schon seit Jahren hier leben, sind viele von ihnen doch nie so richtig hier angekommen. Gerade in großen Städten fühlen sich viele Menschen einsam, andere wiederum würden das Leben auf dem Lande keine Woche aushalten. Jeder muss für sich den Ort bestimmen, an dem er sich am besten aufgehoben fühlt.

Das gilt auch für die Wohnung, in der ich lebe. Fühle ich mich in meinem Zuhause wirklich wohl? Oder sind womöglich noch Erinnerungen damit verbunden, die mir nicht guttun? Gehört meine Wohnung eigentlich zu einer Lebensphase, die ich längst abgeschlossen habe? Ich kenne Menschen, die längst eine Führungsposition in der Wirtschaft bekleiden, aber immer noch in ihrer Studentenwohnung leben. Jeder muss für sich herausfinden, was am besten zu ihm passt. Manche brauchen das pulsierende Großstadtleben, andere die ländliche Stille.

Auch wenn man keinen Umzug plant, kann schon eine Neugestaltung der alten Wohnung Wunder bewirken. Je länger wir an einem Ort leben, desto blinder werden wir für unsere Umgebung. Beim Einzug war man nicht ganz zufrieden mit der Platzierung von dem einen oder anderen Möbelstück und wollte sich noch einmal in Ruhe Gedanken darüber machen. Zehn Jahre später steht alles immer noch am gleichen Ort. Eine neugestaltete Umgebung kann für eine Menge neuer Impulse sorgen. Man hat beispielsweise auf einmal wieder Lust, öfter Leute einzuladen.

Wie gestalte ich mir meinen Tag?

Der Mensch ist ein Gewohnheitstier. Wir neigen dazu, uns immer in denselben ausgetretenen Pfaden zu bewegen – höchste Zeit, sie zu verlassen. Warum nicht morgens mal einen neuen Weg zur Arbeit ausprobieren, vor allem viel zu Fuß gehen? Auch wenn die gesamte Strecke zur Arbeit vielleicht zu weit ist: Warum nicht mal zwei Stationen später in die Bahn oder den Bus einsteigen oder das Auto ein Stück früher abstellen? Gehen ist nicht nur gut für den Körper, sondern vor allem auch für den Kopf. Wissenschaftler haben herausgefunden, dass bereits acht Kilometer langsames Gehen in der Woche das Gehirnvolumen vergrößert und so dafür sorgt, dass das Erinnerungsvermögen länger erhalten bleibt.

Wenn wir durch die Straßen gehen, statt mit dem Auto durchzubrausen, nehmen wir auch viel mehr wahr, wir können unsere Sinne besser nutzen. Unsere heutige Zeit ist einfach sehr schnell geworden. Schon Goethe beklagte sich, Reisen mit der Kutsche sei kein richtiges Reisen, weil die Landschaften nur so an einem vorbeiflögen. Heute düsen wir noch um einiges schneller durch die Welt. Darum müssen wir uns öfter Pausen gönnen, um unseren Sinnen mehr Möglichkeiten zu geben, Neues zu erleben, zu spüren, zu entdecken. Auch vollverplante Tage lassen immer noch Spielraum für Neues, und wenn man nur in der Mittagspause mal nicht in die Kantine geht, sondern sich zur Abwechslung mal im Park ein Sandwich gönnt und den Vögeln lauscht.

Übrigens kann auch eine Abwechslung in der Ernährung Wunder für unser seelisches Wohlbefinden bewirken. Wer sich zu viel Junkfood einverleibt, wird weniger gute Laune haben als jemand, der öfter etwas Gesundes isst und immer mal was Neues ausprobiert.

Egal wie viel am Tag auch auf dem Programm steht, man sollte niemals vergessen, Zeit für sich persönlich zu reservieren und sich möglichst jeden Tag ein paar neue Eindrücke, Erfahrungen und Erlebnisse gönnen. Ich möchte Sie einladen, in Gedanken die letzten Tage und Wochen durchzugehen. Gern dürfen Sie sich auch Notizen machen.

Wenn Sie die letzten Wochen rekapitulieren, haben Sie womöglich Schwierigkeiten, die Tage trennscharf zu unterscheiden. Unser Alltag verläuft oft sehr gleichförmig, und das Gedächtnis speichert keine Wiederholungen, und so ist es gar nicht so einfach, sich an den letzten Donnerstag, den vorletzten und den vorvorletzten Donnerstag zu erinnern. Für die meisten von uns besteht die Woche größtenteils aus Pflichtprogrammen, den größten Teil fordert die Arbeit, und dann folgen bei vielen die Familie oder der Partner. Für einen selbst bleibt so gut wie nichts. Das sollten wir ändern.

Wenn Sie nicht zu den Morgenmuffeln gehören und Ihr Geist schon vor der ersten Kaffeetasse wach ist, überlegen Sie sich doch schon mal beim Zähneputzen, was Sie in Zukunft anders machen könnten. Im Spiegel sehen Sie gleich, welcher Gedanke Sie zum Lächeln bringt und damit gut ist. Wie könnten Sie Ihr Leben schöner machen? Müssen Sie sich das Frühstück immer schnell reinschaufeln, könnten Sie nicht einen Moment mehr Zeit dafür und damit für sich selbst einplanen? Auch auf der Arbeit kann man durchaus ein paar Momente für sich gewinnen. Eine Klientin von mir hat sich angewöhnt, regelmäßig mit einer Tasse Tee raus auf eine grüne Wiese vor dem Firmengebäude zu gehen. Sie sagt, dass ihr diese kurzen Pausen unglaubliche Inspiration gäben, teils für die Arbeit, teils auch für ihr privates Leben.

Es gibt nicht wenige Menschen, die sich auch in der Freizeit bis zur letzten Minute durchtakten. Eine Klientin von mir ging sechsmal die Woche ins Fitnesstraining, immer mindestens zwei Stunden lang. Heute hat sie ihr Programm deutlich umgestellt. Jetzt trainiert sie an zwei Abenden in der Woche ihre grauen Zellen, geht ins Kino, zu Lesungen, ins Theater und ins Ballett. Ihre Figur hat nicht darunter gelitten, ihr Lächeln ist aber wesentlich entspannter geworden.

Gestalten Sie Ihre Welt täglich ein bisschen anders.

ICH UND AUSSEN IM GLEICHGEWICHT HALTEN

In den vorangegangenen Kapiteln haben Sie die Blasentechnik kennengelernt. Sie wissen nun, wie Sie sich in Ihre Blase einfühlen, andere in ihrer Blase sehen und einen gesunden Abstand zu ihnen bekommen – und was passiert, wenn man nicht in seiner Blase bleibt, sondern zu sehr das Außen bedienen möchte. In diesem vierten Kapitel werde ich etwas näher auf die Beziehung zum Außen eingehen. Dazu werden wir verschiedene private und berufliche Lebenssituationen beleuchten.

Sicherlich können Sie die angesprochenen Themen in jeden Lebensbereich legen: Was für Freundschaften gilt, ist auch für die Beziehung umsetzbar usw. Jetzt wollen wir das Außen miteinbeziehen, nämlich die Menschen, mit denen wir im Dialog stehen. Sie lernen Techniken kennen, die uns mit uns und mit anderen in Einklang bringen. Ich zeige Ihnen, wie Sie mit den Menschen in Ihrer Umgebung in einen gesunden Austausch treten, ohne sich selbst dabei zu verlieren oder umgekehrt zu weit in die Sphäre Ihres Gegenübers vorzustoßen. Auch dabei hilft uns die Blasentechnik.

Ich und die anderen

Wie schon in den vorherigen Kapiteln gesagt: Jeder von uns lebt in seiner ganz eigenen individuellen Blase. Und aus dieser Blase heraus beurteilt und sieht er die Welt. So nimmt jeder von uns die Welt unterschiedlich wahr. Der eine erfreut sich an Dingen, die einem anderen gar nicht auffallen. Der eine denkt bei der Farbe Rot an die Liebe, der andere an Blut und Gefahr. Jeder verarbeitet das, was geschieht, ganz anders und speichert es anders ab. Das kann man vor Gericht immer wieder gut beobachten: Wenn mehrere Menschen die gleiche Situation beschreiben, stellt sie sich meist vollkommen unterschiedlich dar.

Vor nicht allzu langer Zeit suchte mich eine Klientin auf, die mir von ihrem Zwist mit einer Kassiererin im Supermarkt berichtete: Die Frau schaue sie immer so merkwürdig an, und mittlerweile würden alle Angestellten im Supermarkt sie beobachten und über sie tuscheln. Im Verlauf des Gesprächs bemerkte sie, sie würde ja auch sonst ständig anecken, der Busfahrer und ein Kellner wären auch überaus unfreundlich zu ihr gewesen. Dazu muss ich sagen, dass es sich um eine durch und durch sympathische Frau handelte, die nur den Fehler machte zu glauben, sie sei die Ursache für die schlechte Laune anderer Menschen.

Jeder von uns begegnet ständig Menschen, die nicht gerade Sonnenscheine sind. Wenn sich jemand uns gegenüber unfreundlich oder sonst wie merkwürdig verhält, müssen wir lernen, uns von ihnen und ihrer schlechten Laune abzugrenzen, schon weil wir in mehr als 99 Prozent der Fälle mit Sicherheit nicht die Ursache dafür sind. Das gilt natürlich genauso für die Launen der Mitmenschen, die uns im privaten und beruflichen Bereich umgeben. Oft sind es Projektionen, die nichts mit uns zu tun haben.

Um sich davon abzugrenzen hilft uns die Blasentechnik. Mit ihrer Hilfe erhalten wir den nötigen Abstand und können so die negativen Schwingungen, die uns entgegenwehen, viel besser abfedern und uns den Alltag ein gutes Stück leichter gestalten. Die Blasentechnik ermöglicht Ihnen einen Sichtwechsel, der Ihnen zu mehr Leichtigkeit im Leben verhilft. Sie müssen sich nicht länger die Themen und die Launen von anderen überstülpen lassen, sondern bekommen den nötigen Abstand.

Was ich mit dem Überstülpen von Themen meine, möchte ich an einem Beispiel verdeutlichen. Eine Klientin von mir litt darunter, dass ihre beste Freundin ohne ersichtlichen Grund den Kontakt zu ihr abgebrochen hatte. Nachdem sie viel von ihr erzählt hatte, machte ich mir folgendes Bild: Die Freundin war ein Scheidungskind, sie fühlte sich vermutlich zurecht von ihren Eltern vernachlässigt. Das prägte ihre Sicht auf die Welt. Immer und überall wurde sie von dem Gefühl verfolgt, andere würden sie abweisen, zurückstoßen, übergehen. Wenn jemand von so einem Gefühl bestimmt wird, sucht er überall Belege dafür, dass dem tatsächlich so ist. Und so zog sie sich auch eines Tages überraschend von meiner Klientin zurück. Sie ging nicht ans Telefon, und es gab keine Chance, in Erfahrung zu bringen, was passiert war. Meine Klientin zerbrach sich hunderte Male den Kopf, warum die Freundschaft auseinandergegangen war, und nahm an, es könnte an einer unbedachten Bemerkung gelegen haben.

Freunde können uns sehr viel Halt im Leben geben. Umso schmerzhafter und verunsichernder ist es, feststellen zu müssen, dass

Freundschaften abrupt enden können. Dabei beging meine Klientin den Fehler, den Fehler bei sich zu suchen. Als sie dann zufällig die abgetauchte Freundin traf, stellte meine Klientin sie zur Rede. Ihre ehemals beste Freundin erzählte dann, dass sie öfter das Gefühl gehabt hätte, immer wieder übergangen zu werden. Meine Klientin hätte alle möglichen spannenden Dinge ohne sie unternommen und sie von allem, was aufregend zu werden versprach, ausgeschlossen – eben genau das Gefühl, das sie als Scheidungskind in zwei Elternhäusern vermutlich auch gehabt hatte. Und dann war da noch die Angst, wieder verlassen zu werden, und so brach sie den Kontakt von sich aus ab, um dem zuvorzukommen.

Meine Klientin empfand diese diffusen Vorhaltungen als vollkommen unsinnig. Aber wenigstens musste sie sich nach dem Gespräch keine Vorwürfe machen, dass sie tatsächlich eine Schuld traf. Auch wenn diese Freundschaft nicht zu retten war, half ihr die Geschichte im Umgang mit anderen Freundinnen, denn sie hatte seit dem Vorfall das Gefühl gehabt, im Zwischenmenschlichen wie auf rohen Eiern zu gehen.

Um zu vermeiden, vom Verhalten anderer emotional in Mitleidenschaft gezogen zu werden, hilft es, einen Abstand zu halten und nicht deren Themen zu seinen eigenen werden zu lassen. Die Kellnerin, die schlechte Laune hat, hat sie nicht wegen Ihnen, sondern hatte vielleicht gerade einen Streit mit ihrem Chef oder Liebeskummer. Solange Sie ihr nichts Offensichtliches getan haben, ist es das Thema der Kellnerin in deren Blase. Und Sie müssen es nicht zu Ihrem Thema machen. Viele Menschen neigen auch dazu, zu pauschalisieren und uns in eine Schublade zu stecken, nur wegen des Autos, das man fährt, oder wegen der Sonnenbrille, die man trägt. Auch das ist das Problem dieser Menschen und nicht Ihres.

Ich und die anderen – der Idealzustand: Ich bin in meiner individuellen Blase, die anderen in ihrer.

Gute Kommunikation – gutes Miteinander

Hier möchte ich Ihnen die Grundlage des Miteinanders und der Kommunikation in einem Beispiel näherbringen. Eine Klientin erzählte mir ganz aufgelöst, dass ihre beste Freundin sie am Telefon angegangen hätte. Jetzt war sie am Boden zerstört. Ich ging mit ihr das Gespräch noch einmal durch. Ihre Freundin hatte sie gleich mit den vorwurfsvollen Worten begrüßt: „Du meldest dich aber auch nie!" Damit war meine Klientin gleich vom ersten Moment des Gesprächs an in einer Abwehrhaltung. Für positive Emotionen war von Anfang an kein Platz. Meine Klientin sah sich genötigt, sich zu rechtfertigen, obwohl die Situation eigentlich vollkommen absurd war, denn die Freundin selbst meldete sich selbst über lange Zeiträume nicht bei ihr. Doch weil die Freundin zuerst „geschossen" hatte, traf sie meine Klientin unvorbereitet.

Hier prasseln Kritik oder Vorwürfe auf mich ein: „Warum kannst du das nicht so oder so machen?" An der schwarzen Linie spüre das Gesagte als Vorwurf oder Kritik. Das ist der Moment, in dem ich mir überlegen kann, ob ich wirklich etwas falsch gemacht habe oder nicht.

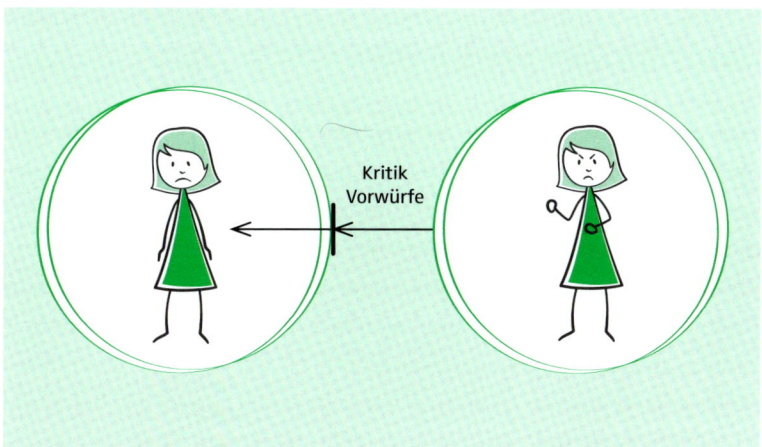

Hier nehme ich die Vorwürfe ungefiltert an und gehe in die Erklärung oder wehre mich durch Rückzug oder Angriff. All das ist schlecht für eine gute Kommunikation.

Was gesagt wird, kommt bei mir an: Ich spüre etwas, sobald es auf meine Blase trifft. Das gilt für wohlmeinende, nette Worte genauso wie für Vorwürfe, Angriffe und Kränkungen. Wenn man sich oft gekränkt oder angegriffen fühlt, kann das mit einem selbst zu tun haben. Mangelndes Selbstwertgefühl und wunde Punkte aus der Vergangenheit sind häufig die Ursache. Um herauszufinden, warum einen bestimmte Bemerkungen immer wieder triggern, also verletzen, traurig oder wütend machen, hilft eine Therapie, bei der man der Sache auf den Grund geht.

Wenn wir getroffen sind von dem, was man zu uns sagt, müssen wir uns zuallererst klarmachen, dass es in den meisten Fällen nichts mit uns zu tun hat. Die schlechte Laune ist die schlechte Laune des anderen. Wir dürfen sie nicht in unserer Blase lassen, sie soll beim Absender bleiben und uns nicht berühren. Denn wenn man die Befindlichkeiten seiner Umgebung immer an sich ranlässt, macht man sich das Leben schnell zur Hölle.

Das passiert, wenn ich eine negative Bemerkung von außen in meine Blase lasse: Ich begebe mich in eine Verteidigungsposition, versuche mich in Erklärungen und suche vor allem die Schuld für die Ungehaltenheit des anderen bei mir. All das können Auslöser für einen Streit sein, für Stress in der Beziehung, für das Ende von Freundschaften. Versucht man seinen Ärger und seine Verletztheit zu unterdrücken, brechen diese Gefühle oft unvermittelt an anderer Stelle wieder hervor. Weil mir Unrecht widerfahren ist, behandle ich plötzlich jemand anderen ungerecht. Weil mein Chef mich angeschnauzt hat, nehme ich mir die Kellnerin im Restaurant zur Brust, weil ich meine negativen Gefühle auf sie projiziere. Das tut natürlich weder mir noch den anderen Menschen gut.

Die bessere Variante, mit einer solchen Situation umzugehen: Sobald ich spüre, dass etwas von außen kommt, sehe ich zu, dass es nicht in meine Blase dringt, und betrachte es erst einmal mit Abstand. Wenn es ein Vorwurf oder ein anderes ungutes Gefühl ist, das da an mich herangetragen wird, prüfe ich erst einmal, ob es gerechtfertigt ist. Bin ich tatsächlich der Auslöser oder hat sich der andere in Wahrheit über etwas ganz anderes geärgert?

Dabei ist die Blase am Anfang eine Hilfskonstruktion. Mit der Zeit gehen Ihnen die distanzierte Betrachtung in Fleisch und Blut über, und Sie reagieren richtig, ohne sich die Blase jedes Mal wieder vorzustellen. In jedem Fall können Sie so erkennen, dass das Thema beim anderen liegt bzw. bei ihm etwas im Argen ist. Wenn Ihnen bewusst ist, dass nicht Sie selbst das Verhalten des anderen auslösen, können Sie souveräner mit der Situation umgehen und Streit und Verletzungen vermeiden.

Beziehen Sie die schlechte Laune der anderen nie auf sich.

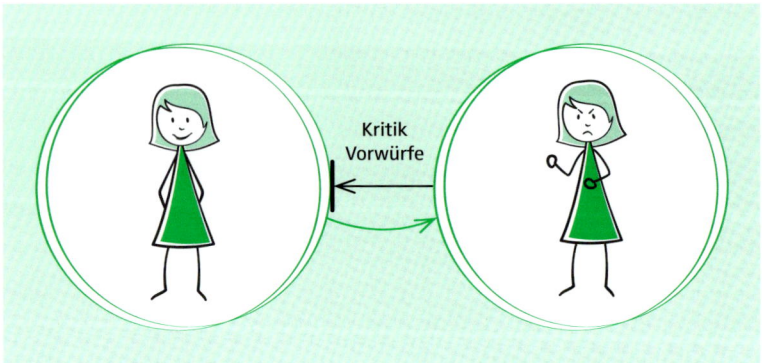

So ist es optimal: Mir ist bewusst, dass ich nichts falsch gemacht habe. Daher lasse ich negative Kritik und schlechte Launen nicht in meine Blase. Und ich sehe den anderen dafür in seiner Blase. Sehe ihn und frage mich, was genau geht in seiner Blase vor? Ich kann ihn fragen: „Was stört dich?" oder „Du bist so ärgerlich, was ist eigentlich mit dir los?" oder „Was würde dir guttun?" Damit bleibe ich in Kontakt und führe mein Gegenüber in die Selbstreflexion.

Idealerweise würde jeder über sich erzählen und den anderen fragen, wie es ihm dabei geht. Was er sich wünscht: „Mir geht es nicht gut, wenn ... Kannst du mich da verstehen? " und „Ich versuche es zu verstehen. Was würde dir denn helfen, damit es dir wieder gut geht?" anstatt „Du musst es machen, wie ich es dir sage." Jeder darf sein, wie er ist.

In dem vorhin geschilderten Fall der vorwurfsvollen Freundin am Telefon können Sie dann ganz entspannt reagieren. Die Bemerkung, dass Sie sich nie melden würden, hat keine Bedeutung für Sie, Sie gehen freundlich darüber hinweg und lenken die Unterhaltung gleich in eine positive Richtung: „Ja stimmt, ich habe mich lange nicht gemeldet. Aber erzähl mal, wie geht es dir eigentlich?" So geht das Gespräch gar nicht erst auf eine Streitebene, die andere Person fühlt sich gesehen und wird zu sich zurückgeführt. Es gibt keinen Raum mehr für weitere Schuldzuweisungen.

In den folgenden Abschnitten werde ich auf Konfliktlösungen für die unterschiedlichen Lebensbereiche eingehen.

Am Arbeitsplatz

Am Arbeitsplatz gibt es vor allem zwei Problemfelder. Zum einen ist das die Abgrenzung von Arbeit und Freizeit – gerade im Zeitalter der permanenten Erreichbarkeit: Ich muss immer verfügbar sein, alles muss sofort passieren, ich muss immer funktionieren. Zum anderen gibt es den persönlichen Aspekt: Wie geht es mir mit meinem Chef und meinen Kollegen? Bekomme ich Feedback, wie sind die Befindlichkeiten bei den Kollegen? Auch wenn man sich heute in immer mehr Unternehmen und Branchen duzt, bestimmen trotzdem noch starre Hierarchien den Arbeitsalltag. Außerdem gibt es am Arbeitsplatz komplizierte Beziehungsgeflechte und Hackordnungen, mit denen nicht jeder gleich gut zurechtkommt. Je höher die Belastung bei der Arbeit, desto wichtiger ist es, Grenzen zu ziehen.

Viele möchten ihr Smartphone nicht mehr missen, aber für viele Menschen ist es auch zu einer ernsten Belastung geworden. Nicht wenige haben Chefs, die in den späten Abendstunden oder am frühen Morgen schon E-Mails schicken und erwarten, dass man umgehend antwortet. Mit der Folge, dass das romantische Abendessen ein Reinfall wird, weil man nicht dem Partner in die Augen sieht, sondern immer mindestens ein Auge auf das Smartphone geheftet hat und mit den Gedanken mehr bei der Arbeit als im Privaten ist.

Eine Klientin von mir hatte sich angewöhnt, den Wecker morgens auf 5:30 Uhr zu stellen, obwohl sie eigentlich erst um 9 Uhr mit der Arbeit anfangen muss. Ihr Chef ist Frühaufsteher und bombardierte sie regelmäßig ab 6 Uhr mit Nachrichten. Ich kann jedem nur raten, nicht darauf zu reagieren. Solange man kein Herzspezialist ist, der für eine lebensrettende Operation benötigt wird, besteht nur sehr selten ein wirklicher Grund, sich nicht an die vereinbarten Arbeitszeiten zu halten. Und wenn man meint, es ginge nicht anders, sollte man höchstens einmal am Abend noch nachsehen, ob Nachrichten gekommen sind, und einmal am Morgen. Alles andere führt zu ernsten Problemen im Privatleben und gefährdet darüber hinaus die Gesundheit.

Was aber tun, wenn so ein Verhalten schon längt eingerissen ist? Mit der Klientin, deren Chef schon morgens noch zu nachtschlafender Zeit Nachrichten schrieb, habe ich mir folgende Taktik überlegt: In der ersten Woche antwortete sie statt kurz nach 6 Uhr erst um 6:30 Uhr, in der darauffolgenden Woche reagierte sie erst um 7 Uhr, eine Woche später um 7:30 Uhr. Und siehe da, ihr Chef gewöhnte sich daran und sandte seine Nachrichten ebenfalls immer später. Inzwischen steht sie wieder ganz normal auf.

Leider erlebe ich oft, dass die Leute ein schlechtes Gewissen haben, wenn sie nicht jederzeit sofort auf die Wünsche ihrer Vorgesetzten reagieren, dabei sollte es genau umgekehrt sein. In manchen Fällen hilft es auch, den Vorgesetzten darauf anzusprechen, um eine Änderung herbeizuführen, je nachdem, wie das grundsätzliche Verhältnis zum Chef ist. Ich erlebe unzählige Fälle, wo die Arbeit verantwortlich für psychische wie für physische Leiden ist. Für sehr viele Arbeitnehmer gilt leider, dass sie mehr ihrer wachen Zeit mit den Kollegen als mit ihren Partnern und der Familie verbringen. Umso wichtiger ist es, sich hier abzugrenzen. Die Diskussion um die Work-Life-Balance, den Einklang von Berufs- und Privatleben, sollte keine hohle Phrase bleiben. Die Arbeit ist nur ein Teil unseres Lebens, sie darf nicht unseren kompletten Tag bestimmen, sonst wird es gefährlich.

Auf alle drohenden Konflikte, die am Arbeitsplatz lauern, einzugehen, würde den Rahmen dieses Buches sprengen. Ob Mobbing, Eifersuchtsdramen oder Konkurrenzkampf: Wer sich abgrenzen kann, ist aus dem Schneider. Eine alleinerziehende Mutter, die zu mir kam, musste sich jedes Mal, wenn sie ihr Kind von der Kita abholte, von einer Kollegin anhören: „Na, wieder einen halben Tag Urlaub genommen?" Der Satz bereitete ihr jedes Mal Höllenqualen. Je näher der Zeitpunkt kam, an dem sie gehen musste, desto nervöser und verspannter wurde sie. Nach der Mittagspause kreisten ihre Gedanken nur noch um das Thema, ob es ihr gelingen würde zu entwischen, ohne wieder den Satz hören zu müssen. Der Kollegin war es gelungen, ihr ein schlechtes Gewissen zu machen, obwohl es dafür nicht den geringsten Grund gab: Meine Klientin arbeitete genauso viele Stunden wie die Nörglerin, nur fing sie früher an.

Auch in diesem Fall war die Blasentechnik erfolgreich. Das Ganze mit Abstand zu sehen half meiner Klientin irgendwann, direkt auf die Kollegin zuzugehen und sie in ruhigem Ton zu fragen, aus welchem Grund sie ihr das eigentlich sage. Sie würde es einfach nur gern verstehen. Dabei kam heraus, dass die Kollegin nur von ihrer Arbeit genervt war und sich ein Ventil für ihre Frustration gesucht hatte. Sie entschuldigte sich und wiederholte den Satz nie wieder.

Grundsätzlich gilt: Versuchen Sie, nichts persönlich zu nehmen. Wenn der Chef oder die Kollegen schlechte Laune haben, kann das tausende Gründe haben. Da Sie mit sehr großer Wahrscheinlichkeit nicht dafür verantwortlich sind, lassen Sie sich nicht anstecken, und vor allem: Fühlen Sie sich nicht schuldig. Denken Sie immer daran, fast alle Vorgesetzten haben selber Vorgesetzte, die ihnen Druck machen, den sie dann an Sie weitergeben. Lassen Sie sich darum nicht die Laune von anderen überstülpen, denn sie hat nichts mit Ihnen zu tun.

Freundschaften

Freunde sind eine Familie, die man sich selbst ausgesucht hat. Aber es ist genau wie mit der Verwandtschaft: Nicht alle tun einem gleichermaßen gut. Darum ist es nicht verkehrt, auch hier von Zeit zu Zeit mal einen Kassensturz zu machen. Dabei sollte man überprüfen, ob die Freundschaften im Gleichgewicht sind, vor allem emotional. Es ist wie mit den Geräten im Haushalt, manchmal entdeckt man bei genauerer Überprüfung einen unheimlichen Energiefresser, und das ist oft ausgerechnet das Gerät, bei dem man zunächst gar nicht auf die Idee gekommen wäre.

Nicht gut tun uns Freunde, die stets erwarten, dass man für sie da ist, bei denen das umgekehrt aber nur selten der Fall ist. Sie verbringen ganze Abende damit, uns in epischer Breite ihre Katastrophen auseinanderzusetzen, doch wenn wir mal ihr Ohr bräuchten, reagieren sie nur sehr einsilbig. Gute Freundschaften bestehen aus Geben und Nehmen und Füreinanderdasein. Doch es gibt Menschen, für die das eine Einbahnstraße ist.

Auch bei Freundschaften gilt: Bleiben Sie in Ihrer Blase, lassen Sie sich nicht zur Projektionsfläche für die Launen und Probleme von anderen machen. Versuchen Sie immer, der Sache auf den Grund zu gehen, fragen Sie den anderen, was eigentlich los ist, warum er eine Bemerkung gemacht hat, die Ihnen nicht gefällt.

Wenn man ein Problem hat, werden einem viele Leute Lösungen anbieten. Doch die taugen für einen selbst oft nicht, weil sie auf der Sichtweise der anderen beruhen. Hat man sich getrennt, sagt die eine Freundin, dass die Männer sowieso nichts wert sind und es besser ist, alleine zu bleiben. Die andere empfiehlt einem, sich gleich wieder in den Datingtrubel zu stürzen und möglichst schnell einen neuen Partner zu finden. Jeder rät uns, was er selbst tun würde, aber ob das für uns gut und richtig ist, steht auf einem anderen Blatt. Versuchen Sie daher, wenn Sie selbst um Rat gefragt werden, erst einmal in Erfahrung zu bringen, was dem anderen guttun könnte, indem Sie die Welt auch mit seinen Augen oder aus seiner Blase sehen: „Wie geht es dir?", „Was würde dir jetzt guttun?"

Partnerschaft

Auch wenn die Scheidungsrate seit einigen Jahren langsam sinkt: Jede dritte Ehe wird wieder geschieden. Das bedeutet aber nicht, dass die Menschen in früheren Zeiten glücklicher miteinander waren, die Umstände waren einfach anders. Man blieb oft aus Vernunftgründen zusammen, das Geld reichte nicht, um zwei Haushalte zu finanzieren, eine Scheidung wurde als Stigmatisierung für die Kinder gesehen. Weil sich das alles geändert hat und Frauen heute unabhängiger sind, gehen Ehen heute auch schneller auseinander. Das Gleiche gilt für Beziehungen ohne Trauschein. Die Paartherapie zählt zu meinen wichtigsten Aufgaben, und so bin ich mit ziemlich allen Schwierigkeiten vertraut, die zwei Menschen miteinander haben können.

Ich werde oft gefragt, woran man eine gute Beziehung erkennt. Die Antwort ist recht einfach: Es hängt davon ab, ob zwei Menschen sich gegenseitig guttun. Sorgen sie füreinander, unterstützen sie einander, achten sie einander? Das klingt eigentlich selbstverständlich, doch das ist es leider keineswegs. Es ist erschreckend, was Menschen einander antun, und genauso erschreckend ist, was Menschen oft jahrelang mit sich geschehen lassen und dabei noch nicht einmal bemerken, welches Unrecht ihnen tagtäglich zugefügt wird. Das kann nur geschehen, weil sie den Kontakt zum eigenen Ich und den Kontakt zum Partner verloren haben. Sie haben längst ihre Bedürfnisse aus den Augen verloren. Durch den Verlust des Selbst kommt es zur inneren Unzufriedenheit, die sich bis zum Selbsthass ausweiten kann. Das bekommt der Partner oft zu spüren. Andere kapseln sich ab, sind nur noch in ihrer eigenen Welt und werten alles, was vom Partner kommt, als Angriff.

Was mir immer wieder auffällt, wenn es um das Thema Kennenlernen geht: Das allgemeine Konsumverhalten hat auch auf die Partnersuche abgefärbt. Die Menschen halten Ausschau nach einem neuen Partner, als wären sie auf der Suche nach einem neuen Computer oder Fernseher. Sie haben eine ganz genaue Vorstellung davon, wie er aussehen soll, welche Fähigkeiten und Vorzüge er besitzen muss. Die verschiedenen Online-Partnerbörsen filtern Partner für uns heraus, die scheinbar zu uns passen und sich nahtlos in unser Leben einfügen wie die Einbauküche in den Grundriss unserer Wohnung. So vertun wir die Chance, vielleicht ganz neue Dinge kennenzulernen, für die wir uns noch nie interessiert haben, die unser Leben aber womöglich bereichern könnten.

Ein anderes großes Problem beim digitalen Dating ist das riesige Angebot. Man muss sich gar nicht mehr auf jemand anderen wirklich einlassen, denn man kann sich ja in der Auslage immer weiter umsehen, ob sich nicht doch etwas Besseres finden lässt. Und so bleiben nicht wenige irgendwann in der endlosen Datingschleife hängen. Fängt man dann doch mal eine Beziehung an, lässt man sie schon bei den ersten kleinen Turbulenzen wieder sausen, da sich ja schnell wieder jemand Neues finden lässt.

Auf der anderen Seite gibt es zahllose Menschen, die eine Beziehung haben, und diese gar nicht wirklich wertschätzen. Wenn Sie in einer Beziehung sind, sollten Sie öfter mal Bilanz ziehen und nicht erst damit anfangen, wenn schon Sand im Getriebe ist. Auch in diesem Fall hilft die Blasentechnik, sich über den Stand der Beziehung bewusst zu werden.

Oft schleichen sich von Anfang an Probleme in die Beziehung ein. Viele fühlen sich schon bei der ersten Kritik angegriffen und gehen gleich in die Verteidigungsposition über oder holen zum Gegenangriff aus, statt einfach mal genau nachzufragen, was hinter der Aussage des anderen steckt. Indem man öfter mal nachfragt, lassen sich viele Missverständnisse vermeiden. Viele sind in ihren eigenen Verhaltensweisen gefangen und verfallen immer in die gleichen Muster. Doch die kann man recht einfach ablegen, man muss sie nur erkennen.

Zunächst muss man lernen, Dinge, die einen stören, genau zu adressieren, und dem Partner verstehen zu geben, was einem nicht behagt. Und umgekehrt genau nachfragen, woraus eine Kritik oder ein Vorwurf resultiert. Sich und den anderen in seiner Blase zu sehen ist schon mal eine gute Voraussetzung. Es verhält sich nicht anders als im Job oder mit Freunden: Oft ist man selbst gar nicht der Anlass für Verstimmungen. Es gibt Themen, die Sie beim Partner lassen können und nicht zu Ihren eigenen machen müssen. Gerade in Beziehungen ist der Gegenstand des Streits oft gar nicht der eigentliche Auslöser des Konflikts. Ein Klassiker ist die ärgerliche Unterstellung, der andere habe mal wieder die Fernbedienung verlegt. Auch hier sollte man dem Problem auf den Grund gehen: Geht es wirklich um die Fernbedienung? Was genau stört dich daran eigentlich? Lassen Sie sich gar nicht erst auf einen Stellvertreterkrieg ein, sondern fragen Sie gleich gezielt, was denn der tatsächliche Grund für die Verstimmung ist.

Die Eltern

Einen gesunden inneren Abstand zu den Eltern zu schaffen ist sicher eine der größten Herausforderungen im Leben. Schließlich ist uns niemand näher, kennt keiner besser unsere Schwächen und

Stärken. Die Eltern haben uns nicht nur auf die Welt gebracht und auf dem Weg ins Leben geführt, wir verdanken ihnen auch zahllose positive Erfahrungen. Sie sind aber auch nicht selten für Verletzungen verantwortlich, die uns zu schaffen machen, lange nachdem wir das Elternhaus verlassen haben. Uns von ihnen abzugrenzen ist eine größere Herausforderung als von den Themen unserer Freunde, Kollegen und Partner.

Umso wichtiger ist es, dieses Themenfeld anzugehen. Wir müssen unsere Eltern in ihren eigenen Blasen wahrnehmen und sie vor dem Hintergrund ihrer eigenen Geschichte sehen. Sie haben womöglich als Kind noch den Krieg erlebt oder unter den Folgen gelitten, sie waren vielleicht von Hunger und Not bedroht, Schrecken, von denen spätere Generationen verschont geblieben sind. Die Generationen, die im Krieg geboren wurden oder in den Jahren danach, rechneten oft damit, dass der nächste große Krieg kommen könnte. Viele wollten ihre Kinder darauf vorbereiten und wählten dafür Erziehungsmethoden, die nicht immer liebevoll waren. Die Traumata der Kriegsgeneration wurden weitergegeben; ich habe Klienten, die lange nach dem Krieg geboren sind, aber noch heute mit diesen Themen zu tun haben.

Wenn Eltern ihren Kindern Dinge mit auf den Weg gegeben haben, die sich als Last erweisen, sollte man trotzdem Nachsicht mit ihnen üben. Die meisten haben versucht, ihr Bestes zu geben, in dem Rahmen, in dem es ihnen möglich war. Als erwachsener Mensch tut man sich einen unglaublichen Gefallen, wenn man den Eltern ihre Fehler verzeiht, soweit das möglich ist. Dabei hilft es auch, unsere Eltern, die ja einmal die höchsten Autoritäten für uns waren, als Kinder zu sehen. Genau wie wir tragen unsere Eltern ihr kindliches Ich immer noch in sich. Genau wie unsere Eltern lernen müssen, dass wir womöglich nicht die perfektesten Kinder auf der Welt geworden sind, genauso müssen wir akzeptieren, dass unsere Eltern womöglich auch nicht die besten aller Eltern waren. Nobody is perfect! Sich und andere so akzeptieren zu können, wie sie sind, ist die wichtigste Voraussetzung für ein gelingendes Leben.

Dennoch: Die Eltern prägen uns im Leben am stärksten. Auch wenn wir längst aus dem Elternhaus ausgezogen sind, begleiten uns ihre mahnenden Stimmen überall hin. Die Regeln, die sie uns beigebracht haben und gegen die wir uns gerade in der Jugend gewehrt haben, beginnen oft erst viel später zu greifen. Am Anfang stellen wir für unser Leben vielleicht neue Regeln auf, doch mit der Zeit übernehmen wir nach und nach vieles von dem, was uns als Kind eingetrichtert wurde – und geben es an die eigenen Kinder weiter. Darum sollten wir unser Verhalten von Zeit zu Zeit überprüfen: Entspringen bestimmte Verhaltensweisen unserem eigenen Verlangen oder sind das Dinge, die man uns mit auf den Weg gegeben hat?

Eine meiner Klientinnen bezeichnete sich selbst als wahren Putzteufel. Schon als sie mir erklärte, bei ihr müsse immer alles „picobello" sein, ahnte ich aufgrund des eher altertümlichen Wortes, dass die übermäßige Ordnungsliebe ihre Wurzeln im Elternhaus haben könnte. Was sie mir auch sofort bestätigte, denn bei ihrer Mutter habe man vom Boden essen können, so blitzsauber sei alles gewesen. Sie selbst aber war von dem ständigen Zwang, eine perfekte Wohnung zu haben, vollkommen aufgefressen. Sie stand schon sehr früh am Morgen auf, brauchte eine Ewigkeit im Bad, um sich fertig zu machen und anschließend alles hygienisch sauber zu putzen. Natürlich war auch ihr Arbeitsplatz immer „tippitoppi" sauber. Ihr Essen suchte sie so aus, dass bei der Zubereitung möglichst wenig Geschirr dreckig wurde. Auf die Frage, was passieren würde, wenn sie einfach mal ein paar Sachen stehen ließe, antwortete sie, falls jemand vorbeikäme und das Chaos sähe, würde sie sich in Grund und Boden schämen. Es sollten noch viele Wochen vergehen, bis sie es schaffte, morgens zur Arbeit zu gehen und den beim Frühstück benutzten Teller und die Tasse ungereinigt in der Spüle stehen zu lassen. Auch ihr konnte ich mit der Blasentechnik helfen, sich auf ihre eigenen Bedürfnisse zu besinnen und einen gesunden Abstand zu ihrer Mutter und deren Einflüsterungen zu bekommen.

Natürlich haben die wenigsten so ausgeprägte Gewohnheiten von den Eltern mit auf den Weg bekommen. Aber bei fast jedem finden sich Gewohnheiten, die er „ererbt" hat. Darum ist es so überaus wichtig, all die Verhaltensweisen, mit denen wir uns das Leben schwieriger machen, zu hinterfragen. Wenn wir wissen, wo eine Angewohnheit herkommt, und erkennen, dass sie nicht zu uns, sondern eigentlich zu jemand anderem gehört, ist es einfacher, sie abzulegen. Das gilt auch ganz besonders in Beziehungsfragen, denn gerade in Streitsituationen kopieren wir oft ganz unterbewusst das Verhalten unserer Eltern.

Streit – wie reagiert man am besten?

In manchen Ländern und Kulturen zelebriert man die Streitkultur geradezu. Bei uns wird Streit eher vermieden. Dabei kann ein Streit durchaus beleben und neue Energie in eine Beziehung bringen. Wenn man richtig streitet, kann das wie ein reinigendes Gewitter sein. Die Luft ist anschließend wieder klar und Neues kann entstehen. Doch manch einem wird bei einem Streit schnell die Brust eng, der Fluchtinstinkt wird geweckt und man bricht die Brücken hinter sich ab, statt sich dem Thema zu stellen.

Zurückziehen ist das Falscheste, was man machen kann. Es ist durchaus auch erlaubt, einmal laut oder sogar ziemlich laut zu werden – solange wir bei uns bleiben. Trotzdem kann ich das Anliegen des anderen auch annehmen, keiner zwingt mich, es gutzuheißen. Es bringt nichts, bei einem Streit alles herunterzuschlucken, denn so zieht man sich nur in sein Schneckenhaus zurück und steckt darin fest, ohne den Konflikt gelöst zu haben.

Im Streit zwischen zwei Menschen ist es wichtig, den anderen auch in seine Gefühle mit einzubeziehen. Sagen Sie, was der Streit mit Ihnen macht: „Ich habe einen Kloß im Hals, wie fühlst du dich?" Damit eröffnet sich für die Kommunikation eine neue Ebene. Beide Beteiligten fühlen sich leichter, wenn ihren Gefühlen Raum dafür gegeben wird und sie mit ihrer ganzen Persönlichkeit da sein können.

Regeln für eine konstruktive Streitkultur:
1. Finden Sie zunächst heraus, was wirklich das Thema ist. Geht es tatsächlich um den Abwasch oder steckt doch etwas anderes dahinter? Um was genau geht es hier gerade eigentlich?
2. Bleiben Sie in Ihrer Blase und sehen Sie auch den anderen in seiner Blase.
3. Sagen Sie, wie es Ihnen geht, und fragen Sie den anderen, wie es ihm geht: „Was genau nervt dich gerade?" Wichtig ist, hier nicht innerlich eine Masterarbeit zu schreiben, sondern den anderen daran teilhaben zu lassen, wie es Ihnen gerade geht und was die Situation mit Ihnen macht. Und das können für Sie gefühlt ganz banale Dinge sein: „Ich würde jetzt gern wegrennen" oder „Ich fühle mich müde vom Streiten." Führen Sie sich vor Augen, welche Gefühle der Steit in Ihnen auslöst und fragen Sie Ihr

Gegenüber nach seinen Gefühlen. Der Austausch, wo jeder jetzt grad innerlich steht, ist wichtig.

4. Lassen Sie sich Raum und Zeit. Lassen Sie es wirken. Manchmal hilft es auch, erst einmal eine kleine Auszeit zu nehmen und eine Runde ums Haus zu gehen. Aber wenn Sie gehen, teilen Sie sich vorher mit, damit der andere es auch richtig einordnen kann.

SCHLUSSWORT: NUR MUT!

„Man muss fest auf sich sitzen, man muss tapfer auf seinen beiden Beinen stehn, sonst kann man gar nicht lieben."

Friedrich Nietzsche

Wenn ich meinen Klienten sage, sie sollen mehr an sich denken, höre ich oft den Einwand: Ist das nicht ganz schön egoistisch? Da kann ich Sie beruhigen, das ist es nämlich definitiv nicht. Je stärker wir sind, desto stärker können wir für andere sein, und je glücklicher wir sind, desto glücklicher können wir auch andere machen. Dass wir auf uns selber achten, heißt nicht, dass wir nicht für andere da sind. Aber wir machen unser Glück nicht von anderen abhängig.

Das Einzige, was im Leben sicher ist, ist, dass es einmal enden wird. Grund genug, sich die Zeit davor so schön wie möglich zu gestalten. Nichts aufschieben, was man gern machen möchte, sich immer gönnen, was einem guttut. Und vor allem sich nicht verrückt machen lassen, von den Medien und von Menschen, die uns nicht wohl wollen. Wir sind auch mit ein paar Kilo mehr auf den Rippen wunderbare Wesen. Wir müssen lernen, immer rücksichtsvoll mit uns umzugehen, uns unsere kleinen Fehler zu verzeihen, denn nur so kommen wir mit uns selbst in Einklang. Und wer mit sich selbst im Einklang ist, ist es meist auch mit den anderen.

In jedem Fall ist es sinnvoll, seinen Lebensweg von Zeit zu Zeit zu überprüfen. Es lohnt sich, immer mal wieder neue Ziele anzusteuern, Altes über Bord zu werfen und einen gesunden Abstand zu den Dingen zu haben. Manchmal gewinnen wir gerade, wenn wir auf etwas verzichten, beispielsweise auf die Traumkarriere, die uns keine Zeit für die wirklich wichtigen Dinge im Leben lässt: den Duft der Blumen, das Lachen des Menschen, den man liebt, oder den Geschmack von schmelzender Mousse au Chocolat auf der Zunge, all das sind Sachen, die man auch ohne 80-Stunden-Woche haben kann, und sie sind viel kostbarer als alles Geld und alle Statussymbole.

Die wichtigste Eigenschaft, die man besitzen kann, um glücklich zu werden, ist der Mut, bei sich zu bleiben, zu sich zu stehen, der Mut, öfter mal etwas Neues auszuprobieren und seinen individuellen Weg zu gehen. Und Mut ist etwas, das sich trainieren lässt. Meist ist es nur ein ganz kleiner Schritt, der uns zu einem großen neuen Ziel führt.

Den inneren Kritiker entwaffnen

- Der Ratgeber für alle, die endlich selbstbewusster auftreten möchten
- Mit vielen authentischen Fallbeispielen
- Lösungsorientiert und individuell: das 10-Schritte-Programmm für einen positiven Umgang mit sich selbst
- Maximales Verständnis für den Leser: mit ergänzenden Videos des Autors per QR-Code

Lukas Rick
Selbstwertgefühl steigern
192 Seiten
14,5 x 21,5 cm, Broschur
ISBN 978-3-86910-410-2
€ 19,99 [D] / € 20,60 [A]

Der Ratgeber ist auch als eBook erhältlich.

Souveräner Auftritt!

- Selbstzweifel endlich überwinden und souveräner wirken
- Sicheres Auftreten leicht gemacht: Sogar die Körpersprache und die eigene Stimme lassen sich problemlos trainieren
- Mit vielen Übungen und wertvollen Tipps für ein selbstbewusstes Leben

Ann-Christin Baßin
Sicheres Auftreten
184 Seiten
11,8 x 17,0 cm, Broschur
ISBN 978-3-86910-478-2
€ 12,99 [D]/€ 13,40 [A]

Der Ratgeber ist auch als eBook erhältlich.

...bringt es auf den Punkt.

Bibliografische Information der Deutschen Nationalbibliothek
Die Deutsche Nationalbibliothek verzeichnet diese Publikation in der Deutschen Nationalbibliografie; detaillierte bibliografische Daten sind im Internet über http://dnb.ddb.de abrufbar.

ISBN 978-3-86910-411-9 (Print)
ISBN 978-3-86910-427-0 (PDF)
ISBN 978-3-86910-428-7 (EPUB)

Originalausgabe

© 2018 humboldt
Eine Marke der Schlüterschen Verlagsgesellschaft mbH & Co. KG,
Hans-Böckler-Allee 7, 30173 Hannover
www.schluetersche.de
www.humboldt.de

Lektorat: Linda Strehl, München
Covergestaltung: semper smile Werbeagentur GmbH, München
Covermotiv: shutterstock / Oksana Alekseeva; Aleksandr Stennikov
Satz: PER Medien+Marketing GmbH, Braunschweig
Druck und Bindung: Silber Druck oHG, Niestetal